DESIGN, DEVELOPMENT AND PRACTICE OF
CULTURAL AND CREATIVE PRODUCTS

文创产品

设计开发与实践

周 睿 费凌峰 高森盂 著

化学工业出版社

·北京·

内容简介

这是一本关于文化创意产品设计开发、典型案例讲解，以及开发实务实践的书。本书对文创产品与旅游商品进行了区别和界定；全面梳理分析了当前文创产品创新设计的主要路径，包括形态、功能、材料、包装、纹饰、文化科技融合等；围绕IP消费体验浪潮，讲解了文创产品在IP挖掘与构建、设计与运用、叙事与体验等方面的开发方式。特别是针对文创产品设计的实操性需求，提出了"全链路式"的文创产品设计流程，串联了"创意—设计—制造—测试—上新—体验"开发实务的各个环节。

本书除了提供经典的文创产品案例外，还引入了诸多真实的文创产品开发实务和设计落地成果，包括文博文创上新案例、定制文创产品开发全案等，从而真正做到了从理论到实践。

本书适合作为对文创产品设计进行系统学习的本科生与研究生的教材，也适合对文创产品抱有热爱和兴趣的读者阅读，亦可作为文创行业相关从业者的参考书。

图书在版编目（CIP）数据

文创产品设计开发与实践/周睿，费凌峰，高淼孟著.—北京：化学工业出版社，2023.6（2024.11重印）
ISBN 978-7-122-43300-8

Ⅰ.①文⋯　Ⅱ.①周⋯　②费⋯　③高⋯　Ⅲ.①文化产品—产品设计②文化产品—产品开发　Ⅳ.①G124

中国国家版本馆CIP数据核字（2023）第065013号

责任编辑：孙梅戈　　　　　　　　文字编辑：刘　璐
责任校对：边　涛　　　　　　　　装帧设计：卡古鸟设计

出版发行：化学工业出版社（北京市东城区青年湖南街13号　邮政编码100011）
印　　装：中煤（北京）印务有限公司
710mm×1000mm　1/16　印张13½　字数232千字　2024年11月北京第1版第3次印刷

购书咨询：010-64518888　　售后服务：010-64518899
网　　址：http://www.cip.com.cn
凡购买本书，如有缺损质量问题，本社销售中心负责调换。

定　　价：79.80元　　　　　　　　　　　　　　　　　版权所有　违者必究

　　文创领域的发展已经进入了大众消费、全民关注的阶段。而文创设计的垂直化发展方兴未艾。当前文创热度的背后,其设计的专业化也面临着挑战。作为从事设计教育的一线教师,正在讲授文创设计方面的课程,深感需要纠正参加文化创意竞赛、进行设计方案打样就是文创设计实践的错误观念;同时我也是文创产品设计开发的从业者,正身体力行地兑现自己经常说的那句话"我不是一位PPT教授"。对于文创产品设计来讲,真正的实践需要跑通完整产业链的开发流程,需要敢于真实面对消费市场,让消费者愿意为文创商品买单。

　　当下,文创在国潮和国风的加持下热度仍然不减。在坚定文化自信,提升国家文化软实力的背景下,文创行业也步入内涵式发展新阶段。一方面,文化创意设计成为相对独立的设计岗位其专业性日益凸显;另一方面,文创设计又与工业设计、视觉传达设计、UI设计、用户体验、空间展陈、工艺美术、艺术与科技等专业产生深度交融。

　　设计是一门应用性极强的学科。所以,我一直给自己的要求是做一位真正的"双师型"教师,不仅作为一名教师,还能够充分融入作为从业者的设计师角色。近年来开展T字形的摸索:横线的一端是立足于文化体验和设计应用展开相应的学术研究;横线的另一端是设计教育,目标是结合工作室模式培养成熟的"全链路的文创设计师";而竖向的一端则是扎根商业,垂直深入地挖掘文创市场。在教师工作室基础上,在"大众创业、万众创新"号召下我们联合创设了澜山公司,开始真正与产业接轨。在此过程中，努力提高自身设计知识的更迭性，丰富实际从业经验，让创意落地，让文创产品面向全国各地游客并将其推向线下线上市场。

同时，"澜山"也为自身提供了一个小平台，一方面让更多的设计研究成果得以转化成面市的文创商品；另一方面让"产学研用创"模式不再是一句空洞口号，而成为真切的摸索实践。这得益于成都是一个国内旅游产业和文化产业发达的城市，这些年来"澜山"陆续与三星堆博物馆、金沙遗址博物馆、武侯祠博物馆、杜甫草堂博物馆、成都博物馆等国家一级博物馆，与峨眉山、大熊猫繁育研究基地、宽窄巷子、河南老君山等著名旅游景区开展文创产品设计开发工作。感谢各合作单位及渠道的领导对文创团队的支持，在踏踏实实的通力协作下使这些文创设计开发得以落地。而这些文创成果也成为本书案例的重要来源。书中的文创产品案例除了有几个注明了是设计效果图外，其余全部是实际商品。笔者负责的"旅游产品设计开发"课程是四川省首批本科高校应用型示范课程、校级社会实践一流课程，校级"课程思政"示范课程，期望能将相关设计研究、开发实践与从业经验融合，梳理出文创产品设计相关的知识脉络，将其传递给或将从事文创事业的未来设计师们，更是希望将坚守中华文化立场，提炼展示中华文明的精神标识和文化精髓的精神传递下去，这也是撰写本书的初衷。

本书的出版得到了西华大学美术与设计学院"产品设计"国家级一流本科专业建设的支持；本书也是天府文化研究院2022年天府文化研究与文创课题"建设世界文化名城视域下的天府文创产品开发研究"（项目编号TYB202202）的成果。

从狭义的实体文创产品开发到数字创意设计，再到元宇宙视域下的创意创新和产业转化，一路走来，我也愈发意识到自己的知识体系仍有局限。书中若有不妥之处，也希望各位专家、同仁不吝斧正。

文化需要体验，设计需要转化，创意拒绝"纸上谈兵"，文创产品设计开发应该面向产业实践去探寻创新路径。文创产品面市上新，其实是一件很有成就感和幸福感的事情，就像我们不断挖掘与转化天府文化，持续开发文创产品的理念——天府文创·安逸美好。

周睿
2022年9月

第一章　文创产品概述

　　第一节　文化创意与文创产品 / 2
　　第二节　文创产品的特征与分类 / 9
　　第三节　文创产品设计开发的发展趋势 / 22

第二章　文创产品的设计创新

　　第一节　形态语义 / 30
　　第二节　功能创新 / 35
　　第三节　材料工艺 / 40
　　第四节　纹饰图案 / 48
　　第五节　产品包装 / 53
　　第六节　色彩创新 / 63
　　第七节　科技融合 / 71

第三章　文创IP形象与插画应用

第一节　文创产品的IP视觉形象 / 76

第二节　IP视觉形象的插画转化 / 82

第三节　插画设计的产品应用 / 88

第四节　商业插画的创作基础 / 91

第四章　文创产品的开发流程

第一节　文创产品创意逻辑 / 102

第二节　全链路的流程思维 / 110

第三节　探寻产品体验触点 / 120

第四节　设计实务中的商务合同 / 129

第五章　文创产品的类型设计解析

第一节　国潮与文创 / 136

第二节　食物设计视域的美食文创 / 144

第三节　铸牢中华民族共同体意识的民族文创 / 155

第四节　红色旅游与红色文创 / 161

第五节　商业定制伴手礼文创 / 167

第六节　工艺美术视域的文创设计 / 171

第六章　文创产品设计开发实务

第一节　成都青白江区残联文创定制全案 / 176

第二节　杜甫草堂文创产品专柜上新案例 / 186

第三节　文创开发在地性：文创饮具案例 / 192

参考文献 / 205

01 第一章

文创产品概述

第一节 文化创意与文创产品

一、文化与创意的定义

文化的广义概念是指人类社会历史实践过程中所创造的物质财富和精神财富的总和;狭义概念是指社会意识形态及与之相适应的制度和组织结构。创意在日常语境里指的是平时说的"点子"或"想法",但创意一定是好的洞见与主意。一方面它是源自个体的创造力,与个人技能和经验密切关联,既与科学训练、刻苦练习和熟能生巧相关,也与个体的天赋有关。另一方面,创意既是科学技术和艺术结合的创造,又是和文脉、审美交融的创新。实践层面的创意,包含了人类生活物质的、精神的全部具有创造性的行为和意识。创意具有文化性、审美性、抽象性、再生性和广泛性等特征。

文化与创意之间的关系密不可分。文化包含在整个创意之中,文化是创意的精髓。没有文化的创意,其生命力难以持久,新的文化需要新的创意。创新已经成为文化发展的根本动力之源。因此,文化是创意的基础,创意是文化传承的持续动力。文化创意可以理解为以知识或文脉为元素,融合多元文化、整合相关学科以及个体或团体的经验,利用不同的载体而构建的再造与创新的文化现象。

创意作为文化创意融合的核心和关键,其功能性表现在创意具有一定的产业化倾向和可能,即能为后续的设计开发和经济回报提供支持,也就是所谓的"赋能",通过合理的、创新性的转化,获得可持续的发展动力。文化创意与文化创意产业的概念不同。文化创意产业是文化创意的表现形式。从赋能的角度来讲,文化创意是为了更好地服务于文化创意产业,并使其产业化发展获得巨大推动力,获取源源不断的前进动力。

二、文化产业与文化创意产业的概念

1. 关于文化产业

从学术层面讲,"文化产业"(Culture Industry)一词最早的出处,目前国内外一般认为是源自德国法兰克福学派霍克海默和阿多诺的合著《文化工业：作为大众欺骗的启蒙》。由于在这里作者使用的是工业（industry）的单数形式，所以在中文译本中大多被翻译为"文化工业"，以与后来作为复数形式的文化产业（Culture Industries）相区别。当时，学者霍克海默和阿多诺运用"文化工业"一词，主要指的是一种生产方式，一种为钢铁机器生产的产品贴上文化标签的方式，并把所有人类的文化当成"廉价的原材料"。以莫林和米亚基为代表的法国社会学家首先用复数的"Cultural Industries"文化产业取代了单数的文化工业。与此同时，新时代的学者也对霍克海默和阿多诺的"文化悲观主义"进行了修正，认为工业化和新技术进入文化领域确实导致了商品化的趋势，但同时也带来了许多新的趋势和创新，从而使文化商品化演变成为更加复杂的问题。

文化产业由于在现实经济社会中具有相当的广泛性和渗透性，至今学术界仍在不断探讨。受20世纪最汹涌的全球化浪潮的影响，人们对文化产业的认知也获得了飞速发展。对文化产业的理论研究开始进入了全球化、专业化、系统化的阶段。总的来讲，文化产业有以下几个要点被广泛认可：一是文化产业是由众多创作者和群体、众多企业共同形成的产业链和产业群；二是精神性、创新式、审美化与娱乐化的文化资源和内容，既是文化产业的根本内核也是其市场需求；三是文化产业的规律受到经济规律和文化规律的双重支配；四是随着技术和社会的发展，不断地有新的门类或领域被纳入文化产业范围，应该用发展的眼光去看待文化产业。

2. 文化产业的界定

相关资料显示，我国的"文化及相关产业分类"总计经过三次调整，产业类别的细分层次也在不断变化。首先，2004年4月，为贯彻落实党的十六大关于文化建设和文化体制改革的要求，改进和完善文化产业统计工作，规范文化及相关产业的口径、范围，国家统计局正式印发《文化及相关产业分类》。这标志着科学、系统、可行的文化产业统计体系的建立。2004年的《文化及相关产业分类》中明确，文化及相关产业是指为社会公众提供文化、娱乐产品和服务的活动，以及与这些活动有关联的活动的集合。该版本将文化及相关产业划分为4层：第一层按照文化活动的重要性分为文化服务和相关文化服务两大部分；第二层根据部门管理需要和文化活动的特点分为9个大类；第三层依照产业链和上下层分类的关系分为24个中类；第四层共有80个小类,是第三层所包括的行业类别层,也是文化及相关产业的具体活动类别。

2012年8月,国家统计局发布了《文化及相关产业分类(2012)》,其中"文化及相关产业的定义与范围"发生了一定的改变。《文化及相关产业分类(2012)》将"文化及相关产业"定义为社会公众提供文化产品和文化相关产品的生产活动的集合。并明确我国文化及相关产业的范围包括:以文化为核心内容,为直接满足人们的精神需要而进行的创作、制造、传播、展示等文化产品(包括货物和服务)的生产活动;为实现文化产品生产所必需的辅助生产活动;作为文化产品实物载体或制作(使用、传播、展示)工具的文化用品的生产活动(包括制造和销售);为实现文化产品生产所需专用设备的生产活动(包括制造和销售)。与此前版本不相同的是《文化及相关产业分类(2012)》将文化及相关产业分为5层:第一层包括文化产品的生产、文化相关产品的生产两部分;第二层根据管理需要和文化生产活动的自身特点分为10个大类;第三层依照文化生产活动的相近性分为50个中类;第四层共有120个小类,是文化及相关产业的具体活动类别;第五层为带"★"小类下设置的延伸层。移动互联网于2012年开始逐渐普及,因产业发展需求,软件开发及数字内容服务等小类中,应用软件开发及经营中的多媒体软件和动漫游戏软件开发及经营活动、数字动漫制作和游戏设计制作服务等新兴需求被纳入"延伸层"。

但文化及相关产业的发展并没有就此止步,相反地更加快速发展。2018年,国家统计局发布《文化及相关产业分类(2018)》。相较2012版本,关于"文化及相关产业"的定义,2018年并未做出修改。但对于"范围",2018版的再次做出调整。该版本明确"范围"为:以文化为核心内容,为直接满足人们的精神需要而进行的创作、制造、传播、展示等文化产品(包括货物和服务)的生产活动,具体包括新闻信息服务、内容创作生产、创意设计服务、文化传播渠道、文化投资运营和文化娱乐休闲服务等活动;为实现文化产品的生产活动所需的文化辅助生产和中介服务、文化装备生产和文化消费终端生产(包括制造和销售)等活动。在"类别划分"上,2018版本也再次做出调整,将文化及相关产业划分为3层:第一层为大类,共有9个大类;第二层为中类,共有43个中类;第三层为小类,共有146个小类。与此前2004版本的类别细分数据对比,文化及相关产业分类不仅在层级上有了区别,在数量上也实现了阶梯式的增长。

2018年的修订内容中新增加了符合文化及相关产业定义的12个行业小类,分别是：互联网文化娱乐平台、文化投资与资产管理、文化企业总部管理、文化产业园区管理、自然遗迹保护管理、观光游览航空服务、艺术品代理、婚庆典礼服务、文化用品设备出租、娱乐用智能无人飞行器制造、可穿戴智能文化设备制造和其他智能文化消费设备制造，透露了一定的产业发展动向。《文化及相关产业分类（2018）》还将文化及相关产业分类划分为"两大领域"，两大领域涵盖整体的9个大类：包括新闻信息服务、内容创作生产、创意设计服务、文化传播渠道、文化投资运营、文化休闲娱乐服务等6大类的"文化核心领域"，以及包括文化辅助生产和中介服务、文化装备生产、文化消费终端生产等3大类的"文化相关领域"。由此可见，创意设计属于"核心"文化产业领域。

3. 关于文化创意产业

二十世纪九十年代美国经济持续攀升，从1991年3月开始持续109个月的增长势头超过了1961~1969年的繁荣时期，也创下了美国有史以来经济扩张的新纪录。就在当时经济学家们思考新经济的构成及其形成原因的时候，英国政府于1998年11月发布了第一份《创意产业图录报告》（Creative Industries Mapping Document），2001年英国政府创意产业工作组又发布了第二份《创意产业图录报告》，其创意产业的概念已经被许多国家和地区的政府采用。创意产业的术语及其概念被广泛地理解和采用。在知识经济中，这些产业对于国民财富的重要意义得到了人们的一致认可。当今世界，创意产业已不再仅仅是一个概念，而是有着巨大吸引力的经济领域。

文化创意产业（Culture and Creative Industries）最早是由我国台湾地区借鉴英国创意产业发展经验，于2002年左右提出并使用的概念。按照英国出台的《英国创意产业图录报告》中的定义，"创意产业"是指"源于个体创造力技能和才华的活动，通过知识产权的生成和取用，这些活动可以发挥创造财富和就业的潜力"。该文件把广告、建筑、艺术、古董市场、手工艺、设计、时尚设计、电影、互动休闲软件、音乐、电视和广播、表演艺术、出版和软件等行业都划入创意产业部门。我国台湾地区将文化创意产业定义为"源自创意或文化累积，通过智慧财产的形式与运用，具有创造财富与就业机会潜力，并促进整体生活提升的行业"。由此可见，文化创意产业与创意产业内涵非常相似。文化创意产业与创意产业在外延上也极为相近。根据其行业划分，在名称称谓上略有不同，但实质的内容没有多大的区别。2005年，我国香港地区将创意产业改称为"文化创意产业",并将其列为经济增长点,作为香港未来集中发展的领域之一。从台湾关于文化创意产业的定义和香港对产业名称的更改可以看出,"文化创意产业"在某种程度上是更加地区化的创意产业概念。即目前学界中"文化创意产业"是"创意产业"的一种区域性称谓,基本可以理解为是创意产业的同义词。国际上比较通行的提法是"创意产业"。

总的来说,文化创意产业既有产业的属性,又有文化的属性。产业是以利润最大化为目标,以经济效益为最终目的;文化则有一定的社会属性,甚至有意识形态价值,是以社会效益为根本。因此,文化创意产业应是以文化为共同条件和特性,通过创意包括发明、创新、创造等,产生出能够创造经济价值和社会价值的一类产业形式,而经济价值的实现需要依靠保护知识产权来保证。

4. 文化创意产业与文化产业的区别与关联

"文化创意产业"集合文化产业与创意产业,涵盖了非常广阔的文化经济活动领域。但是需要注意的是,文化创意产业与文化产业并不是完全等同的概念。创意产业主要指创意要素起核心或主导作用的产业。文化产业主要指文化内容要素起核心或主导作用的产业。创意同时是文化产业的核心要素,因此文化内容往往是创意的结晶,以创意为特征的文化原创是文化发展的核心动力。创意逐渐地被认可为知识经济时代产业发展的基本要素。

对"文化产业"的理解包含两个层面:从哲学意义上看,其概念构成最早可追溯到阿多诺1944年《文化工业:作为大众欺骗的启蒙》一文,是人们在意识形态上的一种批判性反思;从经济意义上看,是一种经济体系或者是新兴发展模式。在我国,文化产业主要从产出的角度,从所提供的产品及服务的精神文化性质着眼,只要是为社会公众"提供文化、娱乐产品和服务",满足人们精神文化需求的产业,都是文化产业。而文化创意产业,除了满足个人的精神文化消费需求以外,还在生产领域提升产品的附加值,满足经济发展中优化产业结构的要求,明显突出"生产性服务业"的性质。根据前述"文化及相关产业分类"的沿革可以发现,文化产业概念划分更侧重于产出和公共服务的角度,在外延上所涵盖的门类与文化创意产业有一定的交叉。无论是"文化产业"还是"创意产业",抑或是"文化创意产业"在新经济时代都有着自身无法概全的局限性,只有相互结合,才能厘清这个概念的真实意义。

5. 设计类文化创意产业

"文化创意产业"的概念目前之所以愈发多的人在使用并成为主流，是因为它集文化产业与创意产业两个概念于一身，涵盖了更为广阔的文化经济活动，在中国语境中弥补文化产业概念的局限性。一方面更加注重创意源头的作用，更加注重产业链的意义，强调其产业的经济价值主要由文化价值来决定；另一方面更加重视设计业作为一个整体在文化创意产业中的地位和重要价值。

从产业服务角度来讲，设计是将创意内容、文化价值和市场目标结合在一起的知识经济活动，设计产业是创意经济的一部分，设计的内容贯穿艺术、制造、科技和服务的价值链，包含了技术和知识产权，并蕴含了从事设计服务的个体或团体的经验和隐性知识。设计类文化创意产业，主要是指与生产、制造相关的研发和设计活动，包括工业设计、包装设计、服装设计、商标设计、插画设计、品牌视觉、空间设计、产品开发等。随着移动互联网信息技术的发展，诸如UI设计、界面设计、交互设计、服务设计等与软件研发、数字信息相关的服务领域也被纳入进来。

三、文创产品的界定

1. 文创产品

从产业界定的视角来看，文化创意产品是指在文化创意产业中产出的任何制品或制品的组合。文化创意产品，简称"文创产品"。文化创意产品包括两个相互依存的部分：文化创意内容，硬件或数字载体。文化创意产品区别于大多数一般产品的特殊性主要在于它的文化创意内容部分，这是文化创意产品的核心价值所在。但这种创意内容必须依靠具体的硬件载体或可感知的信息内容而存在。正是由于创意的存在，又赋予产品以精神和情感价值，充分实现了实体以外的价值溢价。总的说来，文化创意产品，是以人们的精神文化娱乐需求为基础，以文化内容为核心，以制造和科技手段为支撑，以网络信息等传播方式为主导，具有创意的创新性和差异性的产品。

文化创意产品既有文化创意价值属性，又有经济价值属性。文化创意价值属性是指文化创意产品所表达的人类精神获得的内涵及其影响。文化创意产品通过定价和销售，把无形文化资产转换为有形的货币价值，带来直接和间接的经济增长、就业增长，这些经济效益的总和即是文化创意产品的经济价值属性。

2. 文创产品设计

在当前文化语境和消费场景背景下，文化创意产品简称"文创产品"并与设计服务相关联产生"文创产品设计"，可狭义地理解为通过创意设计对相应的文化资源、主题文化进行创新性转化，实现对一般产品的文化内涵融入和情感价值提升，赋予文化产品以新的内容品质、新的文化体验。也正是因为文化和创意的融合，可以对受众形成情感与精神层面的深刻影响。通过知识产权的开发和运用，文创设计能转化为高附加值的产品。

就实体化的产品来讲，文创产品是以物质产品为载体的精神消费产品。文创产品设计探寻的是双重质量标准的平衡，即物质形态的产品质量评价，和非物质形态的内容质量评价。尤其是诸如关乎文化、情感、意愿等方面的非物质内容，对于文创产品而言其设计往往更被消费者重视，源于文化元素的创意和创新，也是满足较高层次的精神需求的附加价值的体现。如图1-1所示，手机壳作为手机的配件，主要是为了保护手机。而作为文创产品的手机壳，则具有了双重质量标准。一方面作为具有保护功能的壳体有其质量标准；另一方面作为文创产品有设计方面的标准。品牌"曼尔"推出的手机壳纹饰源自敦煌壁画中九色鹿的传说，使用国潮的视觉风格进行再设计，有助于表达使用者对敦煌文化的喜爱，对国潮视觉的审美偏好。同样是手机壳，在材料质量差异不大、没有IP品牌加持的情况下，文创手机壳的售价普遍比普通手机壳的售价高。这部分溢价，就是前述非物质形态设计内容赋予的增值。经过规模化的生产制造，文创产品依然可以具有较高的附加价值，并能进一步发展为较大市场经济规模的垂直产业。文创产品设计既是一个实践的行为，更需要与市场需求、与产业链紧密接轨。

图1-1 "曼尔"（ManEr）的国潮风手机壳

第二节　文创产品的特征与分类

一、文创产品的特征

从设计实践的角度来讲，文创产品设计就是要根据消费受众群的偏好，在文化元素的基础上通过创意加工、转化、转译产生具有文化内涵、象征意义和使用价值的文化产品。其主要的创意来源是特定的文化主题或文化记忆，设计创意和功能创意能够提升其附加值，从而区别于普通商品。因此，可以从设计的角度去理解和分析文创产品的特征，而不仅仅是站在产品的角度去思考。

1. 文化维度：地脉与文脉

地脉与文脉是一个区域的自然地理境况和人类活动形成的社会文化的统称，是在自然环境的基础上，根据人的需求改造地形、营建环境、发展经济以及传承文化的一种现象。地脉主要是指自然环境，包括地理位置、气候、温度、水分、土壤、阳光、植物等各种因素。除了大自然长时间的鬼斧神工，也包含人类存在以来不断活动的痕迹。文脉主要是指人文资源，是人类根据需求在不同的地域进行社会活动而形成的，由于地域的差异性形成了带有地域特色的人文资源，如文化、民俗、生活习惯和建筑类型等。不同区域有不同的地脉、文脉，有不同的自然环境、人文资源，设计师应运用不同的理念和方法进行设计。深入挖掘各地区的地脉、文脉特征，深刻理解地域文化的内蕴，是文创产品设计的文化内核。只有这样，地域性文创产品才能凸显独特地域文化的价值，从而进一步增强人们对产品的认同感。

讲到文创产品，设计师往往会更多地想到文脉类的地域文化，容易忽略地脉的地域性。如图1-2~图1-4所示，不同的品牌将山石这一自然界风物作为水杯的创意元素。然而山石对应的地脉资源不同，呈现的造型以及蕴含的文脉含义也不尽相同。山之形、形之势，通过这些石头造型给使用者传递了不一样的文化内涵。

图1-2 "木笙玩物"山脉品茗杯

图1-3 "老家的瓷"太湖石马克杯

图1-4 "圣白瓷"冰川形茶水分离茶杯

2. 物质维度：功能与材料

文创产品首先必须是作为一般产品而存在，因此符合一般产品的物质性的所有特征。许多书里对文创产品特征的描述往往是"实用性""便携性"等。的确，相当一部分消费者对于文创产品依然比较看重其实用功能。当然，对一部分文创产品诸如工艺品类、摆件类、赏鉴类的"实用性"并不是那么看重，但无实用性并不意味着就不具有功能。任何文创产品都具有功能，比如一些工艺品具有摆件的赏玩、装饰、点缀等功能。因此，作为产品的属性维度，功能是其中一个基础。无论是实用还是多用途，无论是可变还是便携，这些产品特点都属于功能特点。那么与功能实现相匹配的则是产品材料，是产品属性下的另一个物质实现基础。不同的材料能提供不同的功能，从而实现其千差万别的用途。并且材料还可以为用户提供差异性极大的触感体验，进而更能影响到人的感受与情绪。好的文创产品就是要通过设计来挖掘物质维度，进而跨维度地形成影响关联，打动人心。

如图1-5所示，在这个案例里，紫砂材质被运用于咖啡杯、咖啡壶套组。紫砂是北宋时期发现于江苏太湖周围中国独有的天然材质。独特微细的气孔结构，可使内盛的茶汤保温时间比一般陶瓷长，又因材质本身具有较强的吸附特性，能吸收茶的香气且使新鲜茶汤不易馊坏。自明清以来，一只好的紫砂壶一直为喜好品茗人士心中的绝佳茶具。而紫砂用来设计作为舶来品的咖啡器具，既突破了人们

图1-5 来自品牌"JIA"的紫砂咖啡器具

对咖啡杯材料的惯性思维，又充分发挥紫砂细微气孔结构特点的功能优势，调动了紫砂的吸附特性让咖啡的馥郁香气更加萦绕。

3. 技术维度：制造与工艺

文创产品的生产需要通过制造技术以及相应的工艺条件来实现。由于文创产品的类型众多、材料多彩丰富，因此技术维度既囊括了匠人手作、非遗手工艺，又包括工业化生产的各种模具、各种工艺、各种工序，还包括了科技进步后的各种先进制造技术手段。可以说从延续了数千年来匠心传承的精湛的非遗制作工艺，再到不断进步攀登科技高峰的"中国智造"，这些技术手段和生产方式都是为了实现好的创意设计的落地和文创产品的实物呈现。譬如，当前3D打印技术被广泛地应用于文创产品，使得产品的造型设计有了越来越多的可能性。当设计师在进行文创产品的造型设计时，往往都会依据文化主题、工艺、材质等方面进行设计，但是诸多时候会由于制造工艺达不到而只能选择舍弃。3D打印技术的应用让这一难题得以突破。如同熟稔的手工技艺之于匠人师傅，胸有成竹地制作工艺产品，制造科技的发展让设计师也能更全心全意地投入到产品设计中，而不会被产品的生产工艺阻碍，对于文创产品的创意以及功能，也能够有更加全面的创新设计。

图1-6 "昆虫色的器"幻彩3D打印的产品

如图1-6所示，两种以上色彩的线性材料，通过流量的精准控制，在融化时混合流出，从而达到幻彩效果，呈现了具有流动的线条构成感的花器产品。而图1-7中的产品，同样是花器，则是由竹艺大师手工编制而成。竹丝与竹篾等形成繁复的交错秩序，具有与图1-6类似的突出线条构成感的肌理。文创产品的技术维度，并不一定存在着高科技与否、手工艺精绝与否的高低较量，而是利用该制造或制作技术的合理性、特色性。当然，这里的合理性自然而然会涉及效率、成本、价格等因素。

图 1-7 竹艺竹编的花器产品

4. 经济维度：消费与市场

文创产品设计经过生产制造落地后面向市场成为文创商品。产品也只有通过消费才能成为商品，它符合一般商品的消费与供求规律。消费者期望自己支付的金额获得最大价值，生产者希望通过卖出产品这一过程实现利润最大化，这就使得供求关系呈现出明显的规律：价格上涨，需求量减少，供给量增加；价格下跌，需求量增加，供给量减少。无论在什么产业中，都存在这样的规律。在文化创意产业中，一方出现波动，会引起周边多方的变化。而文化创意产品作为特殊的消费品，与消费者收入水平、政策法规等因素有着紧密联系。之所以特殊，除了大批量生产的文创产品外，一部分工艺美术品类、贵金属类的文创产品还具有收藏价值，有的文创产品因为文化维度而具有较强的表征性。有时社会心理因素也会引起需求规律以外的例外，如比较典型的炫耀性消费。炫耀性消费的概念最早由美国经济学家凡勃伦提出。在观察市场和分析人们的消费心理后，他发现某些消费需求并非为了满足生活必需，而是为了显示身份和地位，为了达到炫耀的目的，有些商品往往象征着一定的社会地位和身份，价格越昂贵越能彰显。所以，这些商品价格高昂时，需求量反而增加；相反，这些商品的价格降低到人人都消费得起的水平，就失去了其炫耀性的作用，需求反而会减少。因此，有的文创产品在打造自己品牌的时候，有可能利用消费者的这种炫耀性消费心态获取超额利润。

作为设计活动，文创产品在开发阶段就往往有着比较明确的消费目标人群设定、相应的销售渠道和目标市场。甚至在消费场景的营造方面，文创产品有着更多的诉求。越来越多的沉浸式体验以及与之相匹配的沉浸式文创消费不断涌现。事实上，文创产品消费本身就兼具了文化消费、物质消费的双重属性。文创商品一方面越来越带有文化内涵的意味,逐渐形成一种非纯粹的"物品",这时消费成为一种文化的消费符号。文创产品设计往往就是要凸显出这种文化符号,这意味着文创消费早已经超出维持生存水准的消费,而充满了文化的、感性的因素,消费者的活动就开始出现具有非理性的倾向,诸如炫耀式消费、冲动购买动机等。总的来讲,原创度高的文创产品一般都是具有高附加值的商品。

5. 情感维度:表达与传播

好的文创产品可传递出相应的文化内涵、文化意象,更重要的是与目标消费者和文化内涵元素就意义和精神层面达成一致,从心灵情感层面打动消费者,获得精神体验的满足。这也是文创产品较普通商品往往具有更高商业价值的原因之一,也是体验经济如浪潮般势不可挡的体现。不仅仅是文创产品,但凡好的商品亦是如此。《体验思维》一书提出由于消费在不断升级中一直分化,商业发展一直在刷新价值满足。如图1-8所示,好的商品呈现出的商业价值,都已经脱离了"好用"层次的追求,往更高的阶段递进。体验经济中最核心的是顶层思路,从体验经济到体验思维(X Thinking),文创设计师更需要读懂人,以理解用户为关键。文创设计不仅仅要让消费者在文化体验里对产品背后的文化知识形成认知与理解,而且要形成愉悦感、认同感,形成情感共鸣即所谓的心灵感受,进而能上升到一种文化自信。

图1-8 商业价值的传承与递进(引自《体验思维》)

从文化消费角度来讲,用户对文创产品的购买消费,就已经达成了一种表达,即对设计的认可与对文化的体验。与此同时文创产品作为文化载体形式之一,间接地体现了文化创意传播效果。在移动互联网信息时代,各种自媒体和UGC(用户原创内

图1-9 文博文创产品的打卡消费具有传播性

容）不断兴起的当下，年轻人群喜欢"打卡"消费（图1-9），让文创产品具有了一层社交性的表达特征，即让文创构建了传播关系。传播关系主要是传播者与受传者之间的关系。当传播双方由于一些共同感兴趣的信息或情感认同而聚合在一起的时候，他们就构成了传播关系。文化创意的传播内容及其受传者都充分具有人文特征。

6. 感观维度：风格与审美

前述文化消费的象征性和符号性具有两层含义：一是"消费的象征"，诸如前面提及的炫耀性消费，消费表达传递了包括个人的地位、身份、个性、品位、情趣和认同的意义和符号，消费过程不但满足了人的基本需要，而且也成了现代人社会表现和社会交流的过程；二是"象征的消费"，不但消费商品本身，而且消费这些商品所象征或代表的某种文化社会意义，包括个人的审美、身份、气氛、情调等，具有文化再生产或消费情绪、欲求的再生产特征。文创设计赋予一般产品以符号特征并创造出了差异化的符号。而符号的交换和消费的实质就是文化与意义的交换和消费。从具体的设计过程来讲，这些产品符号都需要用一种相应的风格呈现出来，并获得受众的官能感知。这些千差万别的设计风格蕴含了与之对应的审美属性，并且蕴含的这种审美是基于"接受美学"的符号消费表征。

从用户感观角度简单来说，文创产品就同一个文化符号元素，可以有不同的视觉风格。审美往往具有一定的代际属性或者说具有一定的时代性特征，因此这更加决定了文创产品有着不同的目标消费人群。如图1-10所示，熊猫这一个文化元素就呈现出了风格迥异的众多插画，若将这些插画运用到产品上则自然形成了完全不同的目标受众设定。

图 1-10 不同视觉风格的熊猫设计

来源：（a）Blue Labo 工作室；（b）花色旗子；（c）这个杨；（d）设计师高森孟

二、文创产品的常见分类

1. 基于用途与材料的分类

根据产品的功能用途或材料质地来界定文创产品的分类是最为常见的方法，这里可以充分参考旅游商品的分类。中国旅游协会每年组织全国各省（自治区、直辖市）开展的中国特色旅游商品大赛成为推动中国旅游商品发展及其品牌建设的标志性活动。该赛事只针对已经面市的旅游商品，可谓是全国旅游商品的"大阅兵"，在业界形成了巨大影响。而每年大赛对旅游商品的分类都有所调整，类别划分的覆盖面可谓非常广，参见表1-1。事实上，"旅游纪念品"已经是一个比较滞后的概念，只是其中一个非常小的板块。很多初学者容易混淆文创产品和旅游纪念品这两个概念。从2021年中国特色旅游商品大赛活动方案可以看到丰富的商品用途分类。而对于文创产品来讲，按不同产品的功能可以形成比较聚焦的垂直领域，譬如文创饮具、文创文具、文创香器等。

表1-1　2021年中国特色旅游商品大赛的参赛商品类别划分及要求

板块	类别	划分阐释	内容举例
文化创意生活板块	第一类 旅游文化生活日用陶瓷类和玻璃类	旅游文化日用陶瓷类是指利用地域特色文化，创意设计的、工业化生产的、日常生活用的陶瓷制品	陶瓷类包括：日常用的陶瓷家居用品、办公用品、车载用品等。如：餐具、茶具、咖啡具、酒具、洗漱具、瓶、文具、陶瓷刀等

续表

板块	类别	划分阐释	内容举例
		旅游文化日用玻璃类是指利用地域特色文化，创意设计的、工业化生产的、日常生活用的玻璃制品	玻璃类包括：日常用的玻璃家居用品、办公用品、车载用品等。如：餐具、茶具、咖啡具、酒具、洗漱具、瓶、文具等
	第二类 旅游文化日用金属品和石质品类	旅游文化日用金属品是指利用地域特色文化，创意设计的、工业化生产的、日常生活用的金属制品。 旅游文化日用石质品是指利用地域特色文化，创意设计的、工业化生产的、日常生活用的石质制品	金属品包括：日常用的金属家居用品（含厨房用品）、办公用品、车载用品等。 石质品包括：日常用的石质家居用品（含厨房用品）、办公用品、车载用品等
	第三类 旅游文化日用竹木品和香品类	旅游文化日用竹木品是指利用地域特色文化，创意设计的、工业化生产的、日常生活用的竹、木制品以及衍生品。 旅游文化日用香品是指利用可以被人的嗅觉感觉到香味的物质制作的各种形态不同的产品	竹木品包括：餐具类，如筷子、碗、碟等；办公类，如竹、木办公用品等；小型家居类，如灯具、垫、瓶、盒、罐等；纸制品类，如本、书画纸等文具及其他生活器具。 不包括：家具、根雕、箱包、书画、图书等。 香品包括：单品香、和合香、线香、盘香、香油膏、香水、香囊、香薰等。不包括：用于美妆护肤的香水等
	第四类 旅游文化日用合成品类	利用地域特色文化，创意设计的、工业化生产的、日常生活用的合成品	包括：日常用的家居用品、办公用品、车载用品、一次性用品等。 不包括：箱包、鞋帽、首饰等
	第五类 旅游纪念品类	旅游纪念品是指具有长期纪念意义的小型低值旅游商品	诸如书签、钥匙扣、胸针等
科技创意生活板块	第六类 旅游电子产品和电器类	信息电子产品及便携装备型电子产品、小型的电器产品	旅游电子产品包括：个人可穿戴设备、手机和计算机外围设备等。 个人可穿戴设备包括：智能手表、智能腕带、智能眼镜、智能头盔、智能头带、智能鞋、智能书包、智能拐杖、智能配饰等。 旅游电器有：小型旅游电器，包括小型制冷电器、车载冰箱、车载冷饮机等；小型空调器，包括小型的空调器、电扇、冷热风器、空气去湿器等；小型清洁电器，包括电熨斗、小型吸尘器等；小型厨房

续表

板块	类别	划分阐释	内容举例
			电器，包括小型的电灶、微波炉、电磁灶、电烤箱、电压力锅、电饭锅、电热水器、食物加工机等；小型电暖器，包括电热毯、空间加热器等；小型修容保健电器，包括电动剃须刀、电吹风、小型的整发器、超声波洗面器、电动按摩器等；小型声像电器，包括微型投影仪、小型的电视机、收音机、录音机、录像机、摄像机等；还包括其他小型电子文具及其他生活电器
	第七类 旅游个人装备品和体育用品类	个人的旅游装备用品、体育用具用品	照明类（头灯、手电、营灯等）、炊具类（烧烤炉、套锅等）、水具类（户外水壶、水袋、净水器等）、野营类（睡袋、帐篷等）、交通类（自行车、登山杖、指南针等）、其他类（折椅、运动手表、望远镜等）、园艺工具类（水枪、铲、扒、锹、盆、桶等）、体育用球类（篮球、足球、羽毛球、乒乓球等）、其他个人旅游携带的体育用品。 不包括：旅游个人穿着、箱包、鞋帽等
时尚创意生活板块	第八类 旅游服饰和家居纺织品类	旅游服饰是指以丝绸、棉、麻、化纤和皮毛等为原材料，工业化生产的服饰。 旅游家居纺织品是指以丝绸、棉、麻、化纤和皮毛等为原材料，工业化生产的床上用品等	旅游服饰包括：工业化生产的袜子、手套、围巾、领带、腰带、阳伞、发饰等。 旅游家居纺织品包括：工业化生产的床上用品（套罩类、枕类、被褥类等）、洗漱厨房纺织品、家具纺织品（靠垫、坐垫等）。 不包括：服装、鞋帽、箱包等
	第九类 旅游箱和包类	具有旅游用途的箱包	旅游箱包括：拉杆箱、手提箱等。 旅游包包括：手提包、手拿包、背包、单肩包、挎包、腰包、购物袋等
	第十类 旅游鞋和帽类	具有旅游用途的鞋类产品、帽类产品	以丝绸、棉、麻、毛、皮、化纤等为原材料的工业化生产的鞋、帽
	第十一类 旅游美妆护肤和个护清洁类	具有旅游用途的美妆护肤用品、个人护理清洁用品	以护肤、美容、修饰、防护抑菌为目的而利用当地特色物产制作的日用天然或化学工业产品和洗护身体、衣物的日用天然或化学工业产品
	第十二类 旅游首饰类	首饰类旅游商品	以各种金属材料、宝玉石材料、有机材料以及仿制品等加工而成的雀钗、耳环、项链、戒指、手镯等装饰人体的装饰品

续表

板块	类别	划分阐释	内容举例
	第十三类旅游玩具和宠物用品类	旅游玩具是指具有娱乐性、教育性、安全性，供玩耍游戏的工业化生产的器物。宠物用品是指国家允许饲养的宠物的附属用品，包括狗、猫及其他小动物的附属用品	包括：拼图玩具、游戏玩具、数字算盘文字玩具、工具玩具、益智组合玩具、积木、交通玩具、拖拉玩具、拼板玩具、卡通玩偶等。 不包括：宠物食品、宠物药品
特产创意生活板块	第十四类旅游休闲食品类	旅游休闲食品指经过加工的、有包装的、打开包装即可食用的、具有地方独特风味的、固体状的、人们在休闲时食用的食品	包括：谷物类制品（膨化、油炸、烘焙）、果仁类制品、薯类制品、糖食类制品、派类制品、肉禽鱼类制品、干/蜜制水果类制品、干/蜜制蔬菜类制品、海洋类制品
	第十五类旅游方便食品类	旅游方便食品指开包即食的，或加水、加热后随时随地食用的食品	包括：方便面、方便米粉、方便河粉、方便粥、方便菜、自热饭、自热汤、自热粥、自热火锅、罐头等
	第十六类旅游茶品类	茶叶和其他果实、花、叶类等冲泡制品	包括：①基本茶类，绿茶、红茶、乌龙茶、白茶、黄茶、黑茶；②再加工茶类，以各种毛茶或精制茶再加工而成的，包括花茶、紧压茶、萃取茶、果味茶等；③类茶类，类茶植物加工制成的，不是真正的茶，包括枸杞茶、杜仲茶、黄芪茶等
	第十七类旅游冲调品和水饮品类	旅游冲调品是指固体或半液体的、即冲即饮的食品。旅游水饮品类是指可以直接饮用的液体食品	旅游冲调品包括：奶粉、咖啡、果珍粉、奶茶粉、豆奶粉、蜂蜜等。 旅游水饮品包括水、饮料等
	第十八类旅游酒类	酒类旅游商品	地方特色的白酒、啤酒、葡萄酒、黄酒、米酒、白兰地、威士忌等含酒精饮料等。 不包括：药酒
	第十九类旅游调味品类	调味类旅游商品	即食类的油、酱油、醋、酱、乳等，以及速食类的调味包等。 不包括：花生油、豆油、菜籽油、玉米油、葵瓜子油、调和油、色拉油等
传统工艺创新板块	第二十类旅游工艺品类	手工为主制作的、传统工艺特色的工艺美术品、民间工艺制品等	工艺美术品大类：包括陶瓷工艺品、雕塑工艺品、玉器、织锦、刺绣、印染手工艺品、花边、编织工艺品、地毯和壁毯、漆器、金属工艺品等。 观赏类的民间工艺制品：如花灯、屏风、彩绘泥塑、面塑、装饰性摆件、各种装饰挂件等。 玩赏类民间工艺制品：如传统皮影、木偶、风筝、空竹、风车等。 不包括：箱包、首饰、玩具、各类书画等

2. 基于IP类型的分类

根据文创设计开发过程中对IP（Intellectual Property）元素的挖掘与运用情况可以形成相应的分类。IP类文创产品又往往被叫作衍生型文创产品，往往为具有知识产权的IP设计和与创作相关的产品。常见的方式是将IP形象应用于市场上现有的产品载体之上，从而开发出相应的衍生品。根据IP类型或来源的不同，形成对该衍生产品的分类。诸如有影视IP衍生品（图1-11）、动漫IP衍生品（图1-12）、节事IP文创产品（图1-13）、运动IP文创产品（特许商品）等。

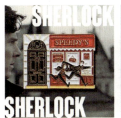   

（a）电影《神探夏洛克》衍生品　（b）电影《爱乐之城》衍生品　（c）电视剧《觉醒年代》衍生品　（d）电影《独行月球》衍生品

图1-11　影视IP衍生品文创产品

（a）罗小黑文创产品　（b）哪吒文创产品　（c）海贼王文创产品　（d）非人哉文创产品

图1-12　动漫IP衍生品文创产品

（a）中国探月工程文创产品　（b）音乐派对文创产品　（c）元宵节文创产品　（d）美食节文创产品

图1-13　节事IP文创产品

3. 基于用户群的分类

针对文创产品设计开发的目标消费人群或消费场景，可以形成聚集性较强的产品分类。譬如大众最为熟知的也是涵盖面最广的旅游文创产品。此外，还有诸如针对假期里学生群体研学游开发的研学文创产品，针对企业举办庆典、节假日赠礼需求开发的商务文创礼品，面向学校师生或针对校庆开发的校园文创产品，博物馆、纪念馆、图书馆和美术馆等开发的文博文创产品等。而针对定制性文创产品的开发方或出品方，也有着相关的称谓，诸如商务文创礼品（图1-14）、政务文创伴手礼、会务文创伴手礼等。这些称谓主要从出品方和消费用户的立场来划分，因此会有一定的交集。譬如高校推出的校园文创产品，从学校主体来看是出品方，而产品的主力消费群为在校师生教职员工，师生可以被视作与学校主体密不可分的组成部分。而当前校园文创的持续热度成为前述文创传播力特征的明证（图1-15）。如图1-16所示，成都理工大学联合上海表推出的定制款手表，选择了孔雀石、青金石材质，采用天然矿物石制造该校园文创手表充分体现了学校的专业文化，对宣传学校地质类的特色学科和王牌专业起到了积极的促进作用。

图1-14 成都文旅集团定制开发的"公园城市礼盒"

图1-15 颇为"出圈"的厦门大学校园文创产品专卖店　　图1-16 成都理工大学联合上海表推出的定制手表

4. 基于文化主题的分类

在文创设计开发实务中，各种类型的文化资源是进行设计转化的核心素材来源，是进行视觉元素提炼的核心，从而形成与之契合的、识别性鲜明的文化主题。与之对应的，文化主题的聚焦自然而然形成主题化的文创产品分类。文化主题可以由多个近类的IP组合形成。当这些IP之间的关联性强，并形成一个比较完整的体系，包含故事、角色、价值观等，即形成了相应的"IP宇宙"。IP宇宙自身就可以视作可独立存在的文化主题。近类IP组合聚集而成的文化主题文创，无论是消费者还是设计师其实并不陌生，诸如乡村农创主题、红色文化主题、科幻文化主题（图1-17）、非遗文化主题等。还有地域性特征突出且影响力较大的文化主题，可以形成更具象和聚焦的主题分类，诸如"古蜀文化""楚文化""三国文化""良渚文化"等。

图 1-17　科幻主题的文创产品

第三节 文创产品设计开发的发展趋势

一、政策引导与发展提速

为了促进文化创意产品的良性发展,国家文化和旅游部、文物局等多个部门和机构都先后出台了多个相应的政策给予引导和鼓励。尤其是在文博文创产品领域成果非常丰硕。早在2016年5月,国务院办公厅转发了文化部、国家发展改革委、财政部、国家文物局《关于推动文化文物单位文化创意产品开发的若干意见》(国办发〔2016〕36号)。该文件明确了围绕文创产品开发的主要任务,包括:提升文化创意产品开发水平,完善文化创意产品营销体系,加强文化创意品牌建设和保护,促进文化创意产品开发的跨界融合等。2021年,文化和旅游部、中央宣传部、国家发展改革委、财政部、人力资源社会保障部、市场监管总局、国家文物局、国家知识产权局等八部门联合印发《关于进一步推动文化文物单位文化创意产品开发的若干措施》的通知(文旅资源发〔2021〕85号)。文件指出,依托文化文物单位馆藏文化资源加强文化创意产品开发工作,有利于推动中华优秀传统文化创造性转化、创新性发展,有利于培育和弘扬社会主义核心价值观,有利于社会主义文化强国建设。鼓励开发兼具艺术性和实用性、适应现代生活需要、符合市场消费需求的文化创意产品。坚持文旅融合发展,以文塑旅,以旅彰文,促进文化创意产品消费。

围绕旅游文创的设计与开发,2021年7月文化和旅游部还专门发布了《文化和旅游部办公厅关于推进旅游商品创意提升工作的通知》(办资源发〔2021〕124号)。通知显示,为更好推进文化和旅游融合发展,切实提升旅游商品开发水平,文化和旅游部决定组织实施旅游商品创意提升行动。本文件专门提出了着力丰富旅游商品主题种类,围绕长城、长征、大运河、黄河等国家文化公园建设,以及红色旅游、乡村旅游、工业旅游、休闲度假、非遗传承等主题,推动开发一批如长城主题文创产品、乡村创意产品、特色非遗产品、工业旅游纪念品等多种类型的系列旅游商品,进一步丰富旅游商品供给,形成百花齐放格局。

2022年6月，文化和旅游部、教育部、科技部、工业和信息化部、国家民委、财政部、人力资源社会保障部、商务部、国家知识产权局、国家乡村振兴局等十部门印发《关于推动传统工艺高质量传承发展的通知》（文旅非遗发〔2022〕72号），为工艺品文创产品的开发水平提升指明了发展方向，着力提升传统工艺品牌知名度和影响力。诸如生产个性化、定制化的传统工艺产品，以及美观实用的日用品，提高产品整体品质和市场竞争力，扶持传统工艺特色品牌。加强传统工艺相关知识产权保护，综合运用著作权、商标权、专利权、地理标志等多种手段，保护创新成果，培育知名品牌。

此外，《关于促进新时代文化艺术职业教育高质量发展的指导意见》（文旅科教发〔2022〕48号）、《关于推动文化产业赋能乡村振兴的意见》（文旅产业发〔2022〕33号）、《关于利用文化和旅游资源、文物资源提升青少年精神素养的通知》（办公共发〔2022〕29号）等2022年陆续出台的多个政策与文件，都与文创产品的发展紧密相关，对丰富产品供给和创意提升都起到了促进作用。

二、消费与代际的影响

体验经济是经济观的跃迁。在此背景下，用户体验受到前所未有的重视。体验经济孕育的体验思维，是商业创新的认知迭代，是产品和品牌创新的顶层思路。因此，设计师应将产品用户、商品消费者放到至关重要的位置重新思考和理解。探讨文创产品开发的发展方向或设计动向，应该回归到对人的理解，对消费趋势的关注。

1. 消费的变化

著名市场研究咨询公司英敏特在2022年初发布了《2022全球消费者趋势》系列报告（图1-18）。报告以健康、环境、科技、体验、身份、权利和价值七大框架为基础，提供了一个动态的预测模型，采用新方法预测了全球消费市场未来10年的走向。在该报告的全球篇和中国篇中，最主要的共同趋势是对"品牌的掌控感"，其中"自在享乐"名列榜首。"自在享乐"包括强调正面积极信息、游戏化设计、提供娱乐性体验和增强日常生活乐趣。报告显示，当下有31%的中国消费者会激活日常乐趣，他们会通过清理日常空间（例如家、办公室、私家汽车）来缓解压力。帮助消费者将繁琐的日常任务变得更加有趣轻松，或将成为诸多产品研发值得思索的方向。趣味性成为人们放松、学习和工作的核心要素。设计目标之一应该提供多元化的娱乐性、趣味性体验——无论是以新的产品还是活动的形式来满足消费者对新奇事物、对有趣体验的渴望。与此同时，消费者会更多考虑可得性，包括成本和空间上的可得。这也意味着设计开发过程需要对成本控制提出更高的要求。

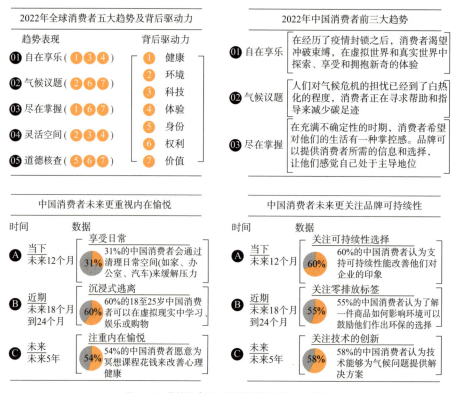

图1-18 英敏特《2022全球消费者趋势》报告摘录

2. 用户的代际变迁

文创产品设计开发一定有着产品对应的目标用户设定。但事实上用户是一个比较动态的概念，有着代际变迁的挑战。即不同年代出生的不同年龄段的用户，其审美有着诸多不同，产品偏好也存在巨大偏差。唯一不变的就是变化本身。因此，设计师读懂当下目标用户的心理，用更积极的变化去应对和适配，成为发展性的文创设计策略的根本立足点。文创产品消费的主流人群已经转向Z世代的年轻用户。去了解Z世代用户的消费观、消费习惯和消费偏好是文创设计师必须做的"功课"。以"悦己"为行为准则的Z世代，其消费诉求正逐渐地从功能需求升级为情感需求，面对众多同类产品的消费选择时，他们的内心会更加偏向于那些契合自己审美、价值观以及态度的产品，从而形成最终的购买决策。用户消费变化趋势正深刻地影响着设计方向、研发动向。但值得一提的是，用户研究的根本不在于对用户用某种固定模式进行刻画，更不是非要对用户进行年龄分层划分优先级。设计师要抓住的不只是按年龄划分的人群，而是人们消费习惯的改变。经济水平提升、消费环境改变，用户生活形态也自然而然地发生变化。这种变化是深刻而广泛的，譬如众多老年人的消费习惯也在改变，每一代人都可以是"Z世代"。

三、文创发展新趋势

1. 文创产品消费需求的特征

随着文博旅游和文旅融合的发展，文博文创产品成为旅游文创产品的重要组成部分，也成为文创产品的主流代表。通过了解文博文创产品的发展趋势可窥探文创产品的整体发展态势与用户消费的新动向。可以说，文博文创产品的用户消费特征可以为大部分文创产品设计开发指引趋势性的发展方向。面对文博文创快速发展的机遇，从消费者需求出发进行思考，才能做到对象化供给与精准化传播。

北京师范大学文化创新与传播研究院历时半年，于2019年通过线上问卷调研、现场拦访调研，以及结合网上文博文创销售大数据，完成了一组基于需求侧的中国文博文创消费调研报告。其中线上调查覆盖中国七大地理区域共计55个城市，采集有效样本6000个；线下拦访覆盖北京市内16家有代表性的博物馆及公园文创商店，采集有效样本1600个；该课题组还对天猫、京东等电商平台上国内外文博文创旗舰店的销售大数据进行观测，从而完成文博文创产品线上用户画像和消费者偏好分析。根据本次大规模的全国文博文创消费者的实证调研，该研究报告总结出文创产品消费需求呈现的九大特征，从中可以窥探文创产品发展趋势之一二。

（1）消费者偏爱美食、饰品、文具等轻型文创产品

在文博文创产品类别里，最受欢迎的三类为创意点心、饰品配件、家具摆件（图1-19）。文博文创产品与日用生活产品的结合已经成为发力点。

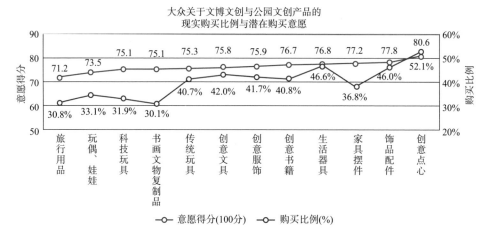

图1-19　北京师范大学文化创新与传播研究院调研报告数据：文创产品消费类型

（2）消费者更注重文创产品的"美、趣、品"，"价廉"未必拉动购买力

在通常印象中，中国老百姓对商品的要求是"物美价廉"。但通过调查，我们发现老百姓在选择文博文创产品的时候，首先考虑的却是品质、设计和趣味、历史感、美感和品位。而对价格便宜、生活实用的重视程度并不高。这表明相比市场上的普通商品，老百姓对于文博文创产品的期许相对更高，在购买心理上更偏向于文化价值与创意价值，为了追求更美、更有趣、更有品质的生活，愿意付出更多的钱。

（3）300元为价格阈值，高创意附加值有望促进消费升级

若文博文创产品极具设计特色，普通老百姓可以接受更高的售价，主流消费价位将从51~300元提升至101~500元，特色文创产品对推动文化消费升级起到显性作用。

（4）实体商店体验整体良好，商品展陈和服务是短板

文创产品呈现出的体验经济特征愈发凸显，实体商店的体验感目前尚有很大提升空间。商店选址以及商店本身展陈的文创气息，都需要在目前基础上进行大力升级，在空间氛围营造与购买便利性上迫切需要改善。

（5）线上线下渠道各美其美，充分挖掘城市空间可能性，拓展文创销售渠道

关于文创产品的购买渠道，民众非常期待能建立博物馆或公园文创产品一站式销售平台。除了博物馆、公园等实体文创商店外，调查显示民众也很期待在重点商业街区能够购买具有当地特色的文创产品，包括在机场、火车站等交通枢纽，民众也有诸多文创产品消费愿意。

（6）文创活动由假日经济与夜间经济"双轮驱动"

调研反映出民众最感兴趣的有三类文创活动，分别是：与春节庙会、元宵灯会之类的传统节日节气相关的文化活动；夜游船、主题夜宴之类的晚间主题文化活动；夜宿博物馆、公园探秘之类的夜间主题文化活动。可以看出，民众对夜间文创活动的需求意愿强烈，夜间文创活动可助力都市的夜间消费升级。

（7）科技与文创融合前景看好，高科技互动展演受追捧

"科技+文创"为文创活动提供了一条创新发展道路，现场体验类科技展演活动尤其受欢迎。从年龄差异看，35岁以下的青年群体是虚拟文创的活跃人群，他们对各类高科技文创产品的兴趣都非常高。

（8）文创活动有望成为文创产品未来的增长爆点

调研结果反馈，如果文创主题活动极富特色，民众愿意接受更高的价格，这势必整体拉高文创产品的销售单价。

（9）线上场景式文创消费逐渐成为主流，女性、上班族、年轻化、个性化成为文创产品设计的关键词

从性别差异看，博物馆文创产品的女性消费者超过了3/4，这或许与女性的消费习惯有关；从职业差异看，文创产品购买力最强的是上班族（公司职员、个体户、服务人员），其次是学生群体。

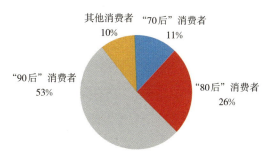

图1-20　北京师范大学文化创新与传播研究院调研报告数据：文创消费者年龄段

从年龄差异看，文创产品消费年轻化趋势明显（图1-20）。"90后"消费者占比达到了53%，其中"95后"占的比例更是达到了30%。显然年轻人更加注重文博文创产品的新鲜与个性化特质，同时更易接纳线上购买文博文创品。

2. 文创品牌化

品牌对于消费者而言是一种熟悉的生活方式，是可以走进其内心甚至打动其内心的路径；对于开发者来讲则可以凭借品牌在激烈的市场竞争中脱颖而出。而从文创设计开发的角度，品牌化发展已经成为当下发展的方向。无论是文博类文创产品，还是其他诸多类型的文创产品，它们已经不仅仅是一种孤立的商品，而是一种能塑造或能引领文化生活形态的商业解决方案。从之前具有比较单一的商品消费特征，发展到具有更加凸显文化的消费特征，越来越多的文创品牌需要进一步探寻，实现IP化生存，从而获得可持续的创新原动力。

在以往的市场下沉逻辑中，往往是将一线城市的存量商品拿到二线城市销售，二线城市再流向三四线城市，再进一步往下流动。但是随着互联网信息平台削减了信息壁垒，加之我国物流业的快速发展，这一逻辑已经逐渐地不再奏效。三四线城市消费者隐藏着往往不输于一二线城市的消费力与消费意愿。消费者在购买文创产品的时候，更多的是为IP价值买单，以及为文化体验买单。文创产品设计开发围绕IP体验价值服务的同时，文化品牌发展路径面对互联网时代的消费人群，也开始对IP价值强化流量私有化，更加充分和聚焦地为文创品牌服务。O2O方式进入移动互联网时代，让体验通路更加多元化，也催生了新场景、新业态，进一步挖掘潜在的消费需求及其模式。

文化消费也不再仅仅是单纯地响应消费端。在IP的加持下，与用户共创、共情成为新品牌突围的重要路径。这种共创已经从媒介行业和数字创意领域的UGC理念迁移到了实体产品开发、文化实体场景消费。圈层、私域的模式也深刻影响到了当今文创品牌塑造。随着元宇宙技术与商业模式的发展，或许在不久的将来，与现实世界不同的是，诸如虚拟人等IP在元宇宙时代的品牌号召力、市场存量和附加价值将被放大。

02 第二章

文创产品的设计创新

第一节 形态语义

一、仿拟原型形态

文化资源是文化创意活动的资源池和基因库,是文化创意的基础,离开资源的文化创意就是无源之水。充分利用文化资源的优势,将文化资源活化利用,是文化创意发展的根本保障。无论何种形式的文化创意,无论文创产品最终呈现什么形态,其底层支撑是文化资源。反过来讲,文创产品的形态创新设计往往是对文化资源的转化和提炼,需要蕴含相应的文化内涵。

用形态语义学去分析一件产品其实就是用形态去解释产品本身的意义。现实社会中,设计的主要目的通俗来讲一般是为了改善生活和刺激消费。而让消费者产生购买欲望的前提是产品本身具有一定的意义,从而刺激消费者产生触点并进而使消费者产生一种或若干种情感。文创设计师,就是需要用一种可视化的思考方式去探寻形态赋予产品更多的意义和价值。

文创产品形态语义要通过产品形态传递出创意的巧思、文化的内涵。最直接、最常见的方式之一是对文化资源物态元素的原型呈现。如图2-1所示,陶瓷竹节品茗杯

图2-1　陶瓷竹节品茗杯套组(品牌"山水间")

套组是对一节原生态竹子的直接模拟，除了材质使观者获得新奇感外，杯子的组合和拆分塑造了逼真的形态。该创意设计的初衷是利用产品形态在不同使用场景迁徙竹文化。而品茗文化与竹文化蕴含的高洁象征、君子风范能形成关联逻辑。

一种文创产品对另一种物体原型的逼真模仿，又被称为"高保真原型"的设计方法。其创新之处在于文化迁徙或映射的内涵逻辑性。譬如图2-2，这一套调味碟的形态模仿了滴入牛奶泛起的涟漪或溅起的奶花。调味碟装盛的东西均属于食物类，而牛奶也如此，因此这两者的结合并不违和；而温润乳白的颜色，唤起用户童年时对美味牛奶的印象。原型形态能赋予产品更多的情感意味，这也正是该设计打动人的创意所在。

图2-2　牛奶涟漪形态的调味碟产品套组
（设计师 Akimasa Yamada）

二、提炼特征形态

仿拟形态的创意性和创新性在于文化内涵与形态语义之间的逻辑性关联，否则就会形成牵强附会、生搬硬套的负面感受。大多数时候，形态都需要对目标文化资源进行提炼和转化。该语义提炼的过程常见的是从视觉的角度进行形态特征的抓取和移用，而特征形态迁徙的过程同样需要注意文化脉络的逻辑关联性问题。

1. 局部特征

将形态最具有识别性的特点保留，在产品比较重要的结构部分或功能部件处表现，从而强化产品的局部特征，以带动全局形成产品的文化记忆点。如陕西历史博物馆金怪兽马克杯就是一个典型案例（图2-3）。"金怪兽"器物由黄金制成，高15厘米、重0.22千克，是多个动物的集合体。鹰嘴兽身，大耳环眼，头生双角如鹿，每角分四叉，叉端又各有一个浮雕怪兽头像。该兽角颇为怪异特别，记忆点鲜明，因此被文创设计师用于杯柄造型。而杯柄是用户高频接触的产品部件，局部并不意味着局限，通过高频触点反而强化了形态特征，也成为该文创产品最有特点的部件。

图 2-3　陕西历史博物馆金怪兽马克杯

2. 整体特征

整体特征指从产品的整体上形成形态运用，或者从整体的识别性上形成与之对应的形态特征。对于整体的理解，一种情况是单体体块，另一种常见情况是多个组成部分形成的整体印象。如图 2-4 所示，该烟灰缸使用骨瓷制成，整体为一个体块，呈方形略弯的瓦片形状。中央镂空处为古典窗格造型，右下角印有一枚印章。瓦片与窗，均蕴含家的寓意。

图 2-4　窗格瓦片形态烟灰缸
（品牌"曼工戏活"）

而图 2-5 中的三星堆"蜀小堆"盲盒造型，将三星堆文物与四川非遗、民俗、文化生活结合。整个系列包括"脸小堆""挑小堆""茶小堆"等，均采用拟人造型，在面部、衣服、帽饰等各个部分进行形态特征的抓取，组合后形成了强化整体识别性的效果。

3. 细节特征

我们所说的细节特征不同于局部特征。细节特征比局部特征在大小、比例、位置等方面更加细致入微，甚至不容易被用户察觉。通过一种非常内敛且克制的方式去呈现形态所赋予的文化意味。而用户在产品使用过程中识别感受到形态的语义内涵时，就会留下非常深刻甚至难以忘怀的印象。

如图 2-6 是一款韩国设计师重新诠释和设计的牙刷产品，其灵感源自韩国传统婚礼上的鸳鸯摆件器物。"Goose 夫妇牙刷"表达了对新婚夫妇的祝愿以及成双成对的美

图 2-5　三星堆博物馆"蜀小堆"系列盲盒

图 2-6　Goose 夫妇牙刷

好寓意。该牙刷的柄尾形成略翘起的扁平形态,与鸳鸯嘴巴翘起特征一致。当两柄牙刷靠在一起,刷毛的颜色呈现出合体的心形。无论是牙刷柄尾部的处理,还是刷毛的处理都体现了设计师对细节的注重。

三、塑造意象形态

工业设计师们对形态与功能关系的探讨也是实践与理论碰撞的过程。对于工艺品类的文创产品来讲,更为重视艺术的品格和境界。当功能性退到相对次要的位置时,形态的边界被不断拓展,其语义也将不再局限于传递某种确定的准确含义,而可以向着意境与气韵的方向进行探索。尤其是对于文创产品而言,形态运用的创意性可以在不同类型的产品上去尝试，通过具象的物质形态去传递抽象的表意。形态塑造意象这一转译过程能否形成触动，往往与观者或用户的文化认知水平高度相关。关于意境的理解，受众也会形成不同的感受与解读。

如图2-7中国台湾陶瓷艺术家王侠军的陶瓷工艺品，将设计与艺术进行完美糅合。创作者执着于白瓷的研究，认为白色象征最纯然彻底的坦荡，建构了中国语境中君子的基调。该陶瓷作品将中国瓷器的端庄、优雅拿捏得分外精准。而在形态结构上力求探索突破一成不变、浑圆封闭腔体的单调造型的窠臼。图2-7中第1件陶瓷作品名为《临江仙》，如创作者所解释的："每天清晨在河边散步，常看到夜鹭，有时是一只，有时是一排，一动也不动立在水面，有一种寂寞、孤独的感觉。我一直觉得，这个景象与我有某种交集。"仕途不如意的杨慎在《临江仙》中写道"是非成败转头空"，是把消极的生命主张转化成积极的能量。而王侠军这组《临江仙》作品的意象是站在江边，是独立的、昂然的、自信的，带着"天生我材必有用"的气概。

图2-7　陶瓷艺术家王侠军作品

更大众化的非艺术工艺品类文创产品形态同样拥有非常广阔而多元的意象语义。其意境内涵不一定多么高深，在高性价比基础上让用户感受到文化的熏陶。如图2-8的香插产品设计"轻舟涟漪"表达出"一叶轻舟寄渺茫"的诗意，黑胡桃船漂浮在涟漪之上，传递出孤寂悠远的东方美学意境。

图2-8　"轻舟涟漪"香插（品牌"MOJI生活美学"）

第二节 功能创新

一、功能实用提升

1. 突出功能特点

除了工艺品类文创产品和摆件类文创产品以外，当前消费者对产品的实用功能有着诸多的考虑。文创产品的功能创新主要聚焦于提升现有产品的实用性，一方面注重形态与功能的契合；另一方面在某个功能特征点上探求改进或突破，譬如便捷功能、组合功能等。功能改进讲究方式的巧妙、整合的得当，这正体现了创意之处。

如图2-9的产品在现有快客杯基础上，围绕便捷性着力进行优化。小茶盒既可以用于收纳，亦是干泡盘，盘面带有56个导水孔。嵌入式的设计让茶盒的收纳功能比较突出，出门旅行时也可以便捷地泡茶品茗。多个部件的收纳与沥水茶盘巧妙结合是本产品功能的闪光点。此外，产品的一些细节处理也可以呈现出设计师的心思。鸭嘴流设计，让导流和过滤功能融为一体。

图2-9 泡茶快客杯套装（品牌"三物"）

2. 弥补使用缺陷

从人机工程学的角度重新审视目前产品使用过程中值得改进之处。尤其对一般的小件产品，不要因为小或普遍而视而不见。"习以为常"往往会受到思维定式的桎梏。

设计师需要拥有一颗发现的心,越是对最常见的产品进行改进,破除一成不变的普遍感就越能收获创意带来的新鲜感。如图2-10,在常见的木头铅笔的外轮廓上做出小小改变,就可以有效地防止铅笔滚动,有效避免摔断笔芯的情况。在实用性产品上,形态与功能往往相辅相成,避免单纯地追求形态的新、奇、特。

图2-10 与众不同的铅笔"Edge Pencil"

二、挖掘功能趣味

1. 置换

将一种产品的功能或形态与另一种产品的功能或形态进行相互置换,从而获得新奇感,打破固有感受与印象。但是这种置换需思考其合理性,若故意追求不合理性会引起观者的不适感,甚至出现恶俗情趣的导向,这种趣味是不值得提倡的。而将快乐、猎奇、讽刺、幽默、出人意料等与功能置换结合起来,则能让产品传递轻松诙谐的旨趣。如图2-11,将保温杯设计为单反相机镜头的形状,就是将镜头形态置换了水杯的功能,玩转出一番无伤大雅的幽默感与潮玩个性。而图2-12的灯具,则将竹制提篮、茶盘等进行了结合。远看是一把精致的竹提篮,实则是光色与亮度可以调节的提灯。这种功能置换的方式与茶事场景结合透着清辉的雅致。

图2-11 镜头保温杯

图 2-12　提篮茶事灯（品牌"兀坐设计"）

2. 动态

在使用过程中产品呈现出不一样的状态或图案，随着时间的推移让用户去发现产品隐藏的意味。这种功能创新方式可运用在可长时间使用的产品上。这个过程不是一蹴而就的，而是充满了发现，在使用过程中感受产品呈现出的文化韵味。图 2-13 是适配日本餐的酱油碟，碟子内采用了 3D 立体技术雕刻造型，随着酱油的减少，碟内呈现出的富士山与樱花景致也随之变化。细沟小壑的深浅、花瓣的繁盛与飘零都内含玄机，传递出日本的物哀文化。这种动态的产品功能也可以传递出轻松趣味，如文具品牌普乐士推出的樱花富士山限定款橡皮擦，无独有偶地用富士山和樱花做文章，随着橡皮擦的使用，樱花头慢慢变成了富士山的轮廓（图 2-14）。这种动态的方式也被

图 2-13　日本餐酱油碟

用在了目前颇受消费者欢迎的3D立体便签中（图2-15），随着便签被层层撕下，呈现出立体的建筑物。当然，无论是橡皮擦还是可撕便签，讲究的都是在慢慢变化中去发现文化，若刻意地去消耗难免会造成浪费。

图2-14　樱花富士山限定款橡皮擦（品牌"普乐士"）

图2-15　3D立体便签（品牌"omoshiroi block"）

3. 转换

围绕同一个目的，用转换的创意思维重新思考产品功能的实现，往往会挖掘出更加有趣的使用方式。以蚊香盘为例，以往的产品都是水平放置的蚊香支架或蚊香炉。将蚊香盘旋转90度支棱起来，则收获了各种各样的蚊香架（图2-16）。再赋予一定的形态要素去承载文化寓意就成为一个区别于日常生活用具、具有实用功能的文创蚊香架。将蚊香盘旋转90度，其实就是探寻产品功能的另一种方式的转换。文创设计本身就是创意思维的过程，更要求设计师不断地审视和转换创新路径。

图 2-16　各种各样的蚊香架

三、产品品类拓展

从前述旅游文创产品的业界赛事的类型分类可以看出，诸如装备、电器、美妆等品类大大丰富了旅游商品的供给。从文创产品整体来讲，也不能一提及"文创"就只想到纪念品、文具等品类。从产品功能的角度，诸多赋予文化内涵、行业跨界联名、IP授权联名等的各种产品类型都具有相应的商业价值。

与此同时，用户驱动与技术驱动也一直是非常重要的产品创新路径。从用户需求、生活方式的方向来思考产品功能，增加文创产品与用户生活形态的紧密关联。提高"颜值"也是赋予一般性日用产品以文创特征的常见方式。因此，从功能需求到产品品类拓展，可以反向促进文创产品范畴的扩大。充电宝从之前单纯的电子配件变为消费者认为的常见的文创产品，就是很好的一例（图2-17）。小风扇、加湿器、冷风机（图2-18）等电子类产品或电器类产品也都可以开发成文创产品。

图 2-17　锦鲤充电宝（品牌"绝对萌域"）　　图 2-18　萌宠冷风机"车"（品牌"艾克家族"）

材料工艺

一、材质替换

从材质和工艺的角度对产品本身的品质进行提升,或者引入文创领域尚未使用、较少使用的材料工艺,都是文创产品开发常见的手段。此外,从创意思维切入,打破消费者对常见产品的材质的固有看法也可以收到创新的惊喜。

1. 多种材质

从制造产品的整体性思考:一是选择的材料是否符合文化内涵调性,是否能发挥彰显文化的积极作用。这是在文博文创产品开发过程中设计师会经常遇到的情形。二是从批量化制造的角度选择材料,能否提高生产效率,有效地降低产品成本,从而让商品单价维持合理的水平。对于非遗类文创产品尤其需要思考材料的可替代性问题。三是电子电器类产品多由工程塑料与金属制造,在此基础上,思考产品局部或细节的材质可使用天然的、手工的材质。

笔者设计的文创产品"神秘古蜀半金面具品饮对杯"就是立足于材质,探索如何彰显文物特色的一次创新(图2-19)。2021年三星堆遗址考古发掘出土了可谓超大的黄金面具,这半张黄金面具残片宽度约23厘米、高度约28厘米,重量约为0.28千克,预计完整的面具总重量大约超过0.5千克,这比目前国内出土的商代最重的金器"三星堆金杖"的重量还要重,而这半副黄金面具的厚度和造型结构,足以支撑其立起来(图2-20)。

笔者参考该"重量级"半金面具文物设计了品饮对杯,着重从如何彰显璀璨的黄金质地进行了设计探索。杯身使用了水晶玻璃材质,使之可以更容易表现黄金色的光泽;在杯沿口和耳洞细节处使用描金工艺。晶莹剔透的玻璃可以更好地传导出杯口描金的黄金色光泽,重点创意点放在对半金面具的体现上,采用遮挡手工描金的方式在杯身上呈现了半金面具的塑形。

图 2-19 神秘古蜀半金面具品饮对杯（"澜山"设计团队）

图 2-20 三星堆出土的金面具半幅残片

2. 置换选择

与消费者对产品材质的固有印象相反，或者以出乎料想的方式置换产品材质，形成印象破除的效果。当然，并非所有的材料选择都是为了营造新奇感。置换材料的设计往往还需要从产品使用的人机工程学角度思考，而并非单纯地追求利用材料突破思维定式而带来的感官吸引。如图 2-21 GSP 品牌的不锈钢随手咖啡杯，上宽下窄的形态特意配搭了软木杯套，将套筒与杯身下部对齐。重约 4 克的软木材质杯套替换了常见的纸质杯套和硅胶杯套，一方面传递出更生态、更接近大自然的理念；另一方面，在拿握不烫的同时又能使人感受到温度。

图 2-21　GSP 品牌的不锈钢随手咖啡杯

再看一个破除材质固有思维，打造系列文创产品的典型案例：日本"金鸟（KINCHO）"蚊香（图2-22）。创立于1716年的日本生活杂货品牌"中川政七"与蚊香老铺"金鸟"合作，结合中川政七的手工织品、金鸟的防蚊产品与经典标志图样，推出九项文创产品，于2020年夏天限定发售。在这个案例里可以看到，非常传统的蚊香被设计为风铃形的（图2-23），还有类似抹茶色泽与质感的饼干形的（真实的蚊香不可食用，需要明确教育低龄儿童，避免误食蚊香而发生危险），以及其他诸多文创衍生产品（图2-24）。

图 2-22　日本"金鸟（KINCHO）"蚊香　　　　图 2-23　被设计为风铃形的蚊香

图 2-24　类似抹茶色泽与质感的饼干形蚊香和其他文创衍生产品

3. 工艺提升

针对现有的常规类型文创产品，聚焦于材质工艺进行品质提升。当然，品质的提升意味着成本的增加。在现实项目中，文创产品的工艺绝对不是追求精、绝、奇。一旦追求精准或精细的工艺，成本势必迅猛攀升。譬如文创产品中最为常见的锌合金钥匙扣的厚度一般为2毫米，常见制作工序为压铸、抛光、电镀、组装；常见制作工艺为烤漆、彩印、仿珐琅等。若为了让钥匙扣显得有更加厚重的质地，可以将厚度调整为3毫米，作为金属件小纪念品的文创钥匙扣可具有更好的品质感。同样，颇受消费者欢迎的金属书签的厚度一般介于0.3~0.5毫米之间，常用材质为201不锈钢、黄铜等。在此基础上再结合其他工艺，则又可以赋予书签不同的品质感。同样围绕产品工艺品质的提升需要考虑其合理性与必要性，否则会导致成本过多地增加。如图2-25所示，在为成都武侯祠设计一款金属文创书签时，着力对其进行工艺提升，将透明漆工艺使用在了金属镂空处。通过透明漆营造通透感的创意源自对游客游览观感的抓取：殿门前悬挂的六角灯笼，越过门槛步入，可见武侯祠诸葛亮塑像立于透明的神龛中。

图2-25　成都武侯祠·诸葛孔明灯笼书签（"澜山"设计团队）

二、材料跨界

所谓的材料跨界，就是将多种材料进行合理的组合和替换，从而让产品具有不一样的质感，让用户获得比较新鲜的使用体验。确切地说，更换材质的设计创新方式是比较常见的工业设计方法，并不是源于跨界设计（Crossover design）的启发。跨界材质的设计方式与跨界理念的内涵非常一致，当前跨界风靡设计界，直接从材质角度考虑跨越方式往往有与众不同的效果。早在2007年华硕就发布了全球首款竹面笔记本"EcoBook"，释义为"环境、生态"。笔记本电脑外壳及键盘周边均用纹理清雅的竹材包覆，有天然发丝纹路和精致雕花，同时集结了现代科技感和古朴天然感。这次利用材质跨界方式设计的笔记本电脑受到了广泛好评。

材料跨界的"界"，可以作两个方面的解读。一是产业边界，将看似几乎难以关联的两个制造领域常用的材料进行对接。如前述的竹面笔记本就是将电子产品与竹制品进行了材料层面的结合探索。二是官能领域，将不相干的甚至是相反的、互斥的材料质的使用感受进行替换。如图2-26是一款名为"Livingstones"的创意沙发，沙发远看去的造型、质地等就像大大小小的鹅卵石。鹅卵石给人以冰冷的、坚硬的官能印象。但坐上去，却有温暖的、柔和的感受。这种官能印象与材质感受形成的反差毫无疑问会给人留下非常深刻的记忆。

图 2-26 "Livingstones"创意沙发（设计师 Stephanie Marin）

三、触感体验

细微层面关注用户体验，意味着有必要基于该观念不断推进新的设计创新，促成产品用户的多通道体验，形成趋势性的新的设计动机。传统的产品设计方法中，视觉和听觉几乎长期居于设计视角的垄断地位。材质的创新，意味着传统设计视角中主流感官通道之外的触觉感官通道被设计师重视。

触觉形成的触感体验逐渐成为当前"非主流中的主流"材质视角。触觉包括压觉、力觉、滑觉等所有与接触有关的感觉。从触觉到触感，后者包含了更多主观性和感性因素。充分利用体验的个体与感性因素，是优化产品触感体验的重要手段，尤其表现在产品材质上。该设计视角可能使设计者从触感体验的角度来选择产品的材料。材料就像产品的皮肤，它们隐含了其内部作用，并且是产品和人之间的沟通介质，并让材料触感具有一种感觉焦点。产品设计诉求触感体验的另一重要方式就是对用户心理层面的关注，乃至人文层面的关注与探索。触感体验是通过后天习得积累的，而产品设计中运用触感体验则可以通过直接或间接的方式。譬如，各种有"解压"和"减压"作用的文创笔记本和笔（图2-27），就是通过触感体验增加文创产品与用户的情感联结。

图 2-27 鼓励用户去触捏的"解压"文具

四、材料新趋势

在体验消费发展的洪流下，新材料成为相当重要的产业驱动引擎。在此背景下，阿里巴巴设计与WGSN立足于消费互联网角色，运用体验设计思维梳理消费者与产业之间的供需关系，专门针对产品材料新趋势展开了研究，并发布了材料趋势报告。研究报告从消费者、生活方式、时尚趋势、创新科技、流行色彩、材料与工艺、包装趋势、国际时装周热点及全球顶级展会现场讯息的观测与解读方面，结合阿里平台的消费者与数据洞察，提炼总结出四大材料应用趋势，分别用如下四个关键字概括：轻、彩、净、绿，为相关从业人员及设计师提供应用及研发方向。文创设计同样可以从中汲取创新的灵感，以材料为抓手，赋予产品新品质和新体验。

1.轻

①在创新食品包装方面。"轻"成为显著特征：诸如轻盈材料、纸质材料替代品、柔性聚酯薄膜。②在宠物舒适生活方面。宠物居家产品以更加轻便灵活、便于清洗、便于折叠搬动的材质为主。典型例子有柔性硅胶材质，便携易收纳；超轻枕状材料，柔软舒适。③在轻便短途出行方面。随着户外露营等的兴起，各大企业纷纷投入到户外装备新材料的研发，以轻便、柔软、舒适为目标，利用新科技材料打造更好用的产品。譬如镍钛锗材料、热塑性聚氨酯材料、生物创新材料、Pcr回收绝缘材料。④极致轻薄科技。追求日常用品轻薄耐用，减轻生活中的重量。如镁铝合金制作的电子产品、轻质玻璃纤维家居产品、轻薄材质制作的可穿戴设备。⑤户外科技体验。户外装备产品更加追求结实耐用，通过使用轻便材料减少能耗。如玻璃纤维增强材料、特殊玻璃、合成织物。⑥碳纤维复合材料。碳纤维复合材料的需求在不断增加，此行业随之进入快速发展阶段，出现了更多的选择，包括各类回收材料，以及这种轻质耐用材料的替代品，如热塑性树脂、碳纤维纺织品等。

2.彩

①空灵幻彩材料。产品与包装趋于多彩变幻流动，幻彩材料不再是保守与单调乏味的单一颜色。如树脂玻璃、变色油墨印刷、半透明磨砂PVC材料。②液态质感材料。一成不变的材料质感会让消费者感到麻木，像液体一样流淌变换的新材料会更吸引有感官需求的消费者。如夜光透光效果、手机CMF变色创新、多晶锆宝石材料等。③渐变光影质感材料。利用分层材料设计的产品具有渐变的色彩变幻。在食品包装领

域可以使用多层半透明材料结合食物本身的色彩营造效果。如透明亚克力胶囊、有色半透明材料层，利用光效散射，突出食品本身"颜值"。④神秘感户外光效。户外用品、户外装备产品等也在外观上用独特的半透明材料打造创新点，配合光效赋予产品神秘的感官体验。如透明虹彩、半透明磨砂聚碳酸酯、透明树脂材料。⑤科技变色表面。诸多创新企业与新材料研发团队将智能温控变色运用到产品中。⑥光电质致变科技。电子墨水技术、动力粒子涂装、光绘皮革、光吸收变色等属于此类。

3. 净

随着健康意识的提升，大众对"净"的认知与需求被前所未有地放大，户外或居家用品的安全性越发凸显，产品在具备基本功能的同时，又可以有效杀菌或长效抑菌受到了消费者的青睐。①安全省心的防护材料。如科技杀菌、户外材料防水防摔、可穿戴设备具有净化功能、科技抗菌防污。②杀菌金属黄铜。在杀菌保净的同时，也增添了产品的奢华质感。③表面消毒。户外用品以及出行交通工具上也可以使用金属或者特殊材质以发挥杀菌的特性，维护私域的卫生与健康。④光线防护。采用触感和视觉上具有吸引力的材料来传递身心健康主题。表面采用能过滤和净化光线的材质，如自洁功能表面、过滤净化光线材质，通过感官传递健康。

4. 绿

①天然有机包装。天然、有机和功能性食品及其食品包装的全球销售额持续攀升。如天然植物纤维、竹纤维与稻壳混合材料、天然肌理纹路的包装。②可持续包装。随着诸多组织和个人越来越多地探索如何建立一个更公平的世界，对更环保、更简单和更可持续的产品、体验与系统的期望需求不断增长，从而推动包装的不断革新前进。如塑料解决方案、提倡负责任的设计和更多利用天然材料。③生物降解科技。2022年中国众多城市遭遇了前所未有的高温挑战，也让环境危机意识真正地进入国人的心里。随着人们对环境问题的认识日益增强，对再生材料制成玩具、日用品等的认可度也在增强。如尽可能运用可降解材料，注重海洋垃圾的回收利用，回收旧衣物制造具有功能性的宠物用品。④绿色健康材质。随着户外运动的不断兴起，消费者渴望走出去亲近大自然。因此户外运动领域应注重对环境的保护，同时设计出更多的低碳产品，追求与自然环境和谐相处。如生物基聚酰胺材料，利用菌丝替代皮革等。⑤电动环保内饰。汽车设计上愈发重视可持续性，尤其是电动新能源汽车区别于传统燃油

汽车的新主张、新措施。⑥提倡单一包装材料运用。全球地缘危机以及环境问题突出，包装生产商与相关的设计从业者面临着原材料价格波动加剧、供应链中断和能源价格飙升等的挑战。产品包装当前在全球正兴起一股倡导单一材料的潮流。如消除材料堆叠，使用低碳铝与回收铝，尽量回收利用单一材料等，追求彻底的零碳与负碳。⑦绿色3D打印科技。宠物与食品领域正越发多地开始使用3D打印，使用PETG可回收材料、玉米基生物塑料等。

绿色材料已经成为当下人们所关注的消费点。在全社会范围内越来越多的消费者参与到环保行动中。据埃森哲2021中国消费者调研披露的数据显示，消费者在选购商品时，除价格、质量和功能外，有43%的受访者愿意为环保产品支付溢价，即愿意为商品的环保特质额外付费，且消费者的收入水平越高，为环保特质付费的意愿就越强。

由此可见，无论是材料发展的趋势，还是消费者意愿的转变，无论是提升创意新颖性，还是设计责任所在，将环保材料引入文创产品设计是值得探索的。

第四节　纹饰图案

一、装饰的应用：图形与肌理

1. 纹饰的提取

在文博文创产品设计过程中，对文物资源进行纹饰的提取和转化可谓是必备环节。提取文饰将其作为设计素材，通常有三种常见的情况：一是对文物整体器型或形态进行描摹，将文物的形态抽离为平面化的纹饰；二是对文物局部细节上的图像花纹作临摹刻画后提取为纹饰；三是将文物经过适当处理后直接作为纹饰使用，这一类情况多为书画类的文物。

图 2-28 是陕西历史博物馆的文创产品金怪兽马克杯，杯柄是该文创产品最大的设计亮点。一方面将文物的鹿形角进行立体化的形态还原塑造；另一方面对鹿形角进行平面化的对应描线，将其转化为杯身图案的纹饰元素。在对复杂文物和繁复的纹路进行描摹的时候，需要对文物不太清楚的轮廓做一定的形状归纳与线条流畅度的过渡。越是繁复的纹饰，越是需要设计师沉下心进行精心细致的刻画（图 2-29）。

图 2-28　陕西历史博物馆·金怪兽马克杯

图 2-29　中国国家博物馆·青铜缶

2. 图案的转用

可选择恰当的产品载体或合适的材料介质对文物上的图案进行转移使用，可以是整体的图案，也可以是局部的图案。在该转用的过程要注意取意于图案，因为大多数时候"有图必有意"。将这些图案运用到产品上，可以是平面化的装饰图案，亦可以是半浮雕或高浮雕的立体图案。如新疆博物馆的"五星出东方利中国"冰箱贴就是平面化图案。平面化地对图案进行复刻，依然受到游客的喜爱，易成为爆款文创产品。新疆博物馆的"镇馆之宝"之一的"五星出东方利中国·汉代织锦护臂"，为国家一级文物，也是中国首批禁止出国（境）展览的文物，被誉为20世纪中国考古学伟大的发现之一。该织锦呈圆角长方形，长18.5厘米，宽12.5厘米，织锦边上用白绢镶边，两个长边上各缝缀有白色绢带，其中3条残断，织有八个篆体汉字"五星出东方利中国"（图2-30）。

图2-30　新疆博物馆冰箱贴
"五星出东方利中国"

平面化的图案转用忌不顾产品调性地完全生搬硬套、"创可贴"式的运用。好的运用应该让这些纹饰对产品的调性起到烘托和强化的作用。如图2-31的骨瓷品茗杯，杯身是对青绿山水画作局部的直接转用。但画作视觉与品茗的味觉形成了寄情于山水的契合。这种对图案的应用方式简单直接，却并不简陋，符合产品的场景需求。

3. 肌理的表现

产品的肌理可以从材质的角度理解，也可以从其呈现的视觉语义进行解读。对装饰应用的归纳往往重"纹"轻"饰"，容易忽略肌理的表现力。

图2-31　"青山"品茗杯
（品牌"山水间"）

一方面，密集或细密的花纹组合可以形成连片的肌理感；另一方面，不具有确定形状的凹凸纹路或粗糙质地成为普遍意义上的肌理特征。值得一提的是，当这种肌理感突显到一定程度，则可以从形态角度给以审视。反过来讲，当对形态的克制形成一种内敛的塑造，这种对装饰的克制则可以转化为近乎肌理感的表现。

如图2-32的文创茶具，黑陶材质一丝丝一层层的肌理，配合金色骆驼的点缀，呈现出了沙漠的景观，带有一种粗犷的美。图2-33的青瓷莲花杯则充分体现了苏州博物馆文创产品的风雅特征。该文创饮具以其馆藏的五代秘色瓷莲花碗为原型，采用龙泉青瓷工艺烧造，还原文物的莲瓣结构和图案装饰，同时表现了对这种装饰的克制感，更加符合当代简约雅致的审美。

图2-32　内蒙古博物院·草原茶道快客杯　　　　图2-33　苏州博物馆·青瓷莲花杯

二、图案的绘饰：构成与组合

专门针对纹饰图案进行聚焦设计时，特别需要注重三个方面：一是对相应文化元素的抓取与呈现；二是纹样创作中对构成感的营造要疏密有度；三是要让图案形成序列化的组合。

1. 图案的甄选与提炼

以应用为导向的文物纹饰描绘，在诸多时候并非一模一样地完全照搬。尤其是原本花纹非常繁复的文物，更应该根据实际产品的尺寸大小、制造工艺和材质进行适合纹样的再创作，提取文物文化元素后，合理布置和重构，形成疏密有度的构图。譬如故宫博物院文创旗舰店的"花间啼鸟"与"花间蝶戏"金属书签（图2-34），前者提取的是紫漆描金翘头案上的团花元素，设计师从中选取玉兰花、海棠花和绶带鸟形象，结合玉兰花朵设计构图；后者则提取清代月白色缂丝八团百蝶喜相逢纹夹氅衣上的团花元素，从中选取双蝶戏舞的姿态，再辅以丰富的几何形小团花纹。

2. 元素的搭配与构成

如果说前述案例依托于文物的团花进行再设计和创作的话，那么图2-35的故宫淘宝文创金榜题名系列金属书签则只是提取了文物非常局部的个别元素，如马形香囊的马、鲤鱼跳龙门图方补学士衣上的鲤鱼等，更加地脱离文物本身的图案，高度原创

图 2-34　故宫博物院文创·花间啼鸟与花间蝶戏金属书签

图 2-35　故宫淘宝文创·金榜题名系列金属书签

地进行图纹设计。以文物元素为基本主体，重新进行其他视觉元素的搭配。系列化的纹饰设计需要特别注意基本构成形式的一致性。在这个案例里，四款书签均基本以圆形为图幅，分别用与该款主题相契合的线条元素做底图肌理。

三、风格的传达：传统与时尚

纹饰图案设计特别讲究视觉风格与产品调性一致。所谓的产品调性包括目标用户、使用场景、产品功能和文化内涵等诸多方面综合形成的一种特定感受。调性自然而然蕴含了该产品的消费属性，诸如格调设定、消费动机和消费场景等方面。而图案的视觉风格则是由内容选择、线条粗细、色调搭配、构成方式等方面组成。譬如，故宫文创产品传递出比较一致的华贵宫廷风格；苏州博物馆文创产品呈现一派风雅的感觉；金沙遗址博物馆文创产品整体观感则有一股神秘瑰丽的视觉风格。愈来愈多的博物馆或文化机构逐渐开始探寻自己的产品风格或系列化的产品调性，并开始走向摸索文创品牌的道路。绝大部分的文创产品主要是依托于馆藏资源，以文物为主导的文化资源通过创意转化后传递出优秀传统文化元素的内涵，承载着民族精神以及气质气概，并赋予文创产品以文化自信的气魄。纹饰图案的创新不应该仅仅局限于某个图形图像本身的创作，而需要探寻如何从纹饰风格提升到格调风格，再到精神物感。

当然，文创产品调性与纹饰风格的结合，还要考虑用户生活形态、情感共鸣、地理环境等方面的影响因素。因为产品是以人为导向的，而不是孤立地进行图案创作。图2-36的日本青森县乡村文创产品为我们提供了一个值得借鉴思考的案例。日本青森县以盛产苹果而出名，围绕苹果产业，在文创产品上也大做文章，推出了"苹果皮"围巾而受众多人欢迎。"苹果皮"围巾正如其名，以织物为材料，在纹饰上一律做减法，尽量去模仿连续削的苹果皮的既视感。绕着脖子围上围巾，传递出些许的诙谐小幽默。看似乡村气息浓厚的围巾，围上后竟有一丝起范儿的潮酷劲儿，又有一些呆萌。在传播营销上让村民和农户纷纷参与，围绕"家"和"家乡"尽力去打造一个温暖的故事。但凡造访当地的游客，除了购买苹果外，"苹果皮"围巾也成为一种"必购"商品。"苹果皮"作为一个非典型的纹饰创新，围巾文创产品成为一个引爆的体验触点，促进了当地观光旅游业的发展。"苹果皮"缩影为我国当前大力发展休闲观光农业提供了一个可以思考的案例，也为农创产品的开发如何不仅仅只有农副产品，提供了一个有借鉴意义的范本。

图2-36　日本青森县的乡村文创产品："苹果皮"围巾

第五节 产品包装

一、文创产品与包装设计

1. 包装是产品与消费者的沟通媒介

包装是什么？这个问题至少可从三个不同方面回答：一是在售卖商品外面用一定材料进行包裹，起到保护作用；二是指包装商品的东西，如纸、盒子、瓶子、袋等；三是指赋予超越本质的华丽属性。文创产品开发与其包装设计不能割裂地分开看待，包装设计属于文创产品设计开发的组成部分，无论是设计外观还是文化内涵都需要一脉相承。包装设计之于文创产品，也绝不是仅仅停留于保护的功能性，文化脉络需要贯穿于整个商品的内外，在有效且规范的商品信息基础上，既能凸显出产品的气质格调，又能对产品品牌与文化IP起支撑作用。包装通常对商品销售起至关重要的作用，包装创新的重要性有时不亚于文创产品本身的创新。

产品包装针对不同发展阶段的品牌，成为一种可以与消费者沟通的介质（图2-37）。包装设计的内在层面可以促成情感沟通，传递品牌文化和附加价值；

图 2-37　包装设计与消费者沟通

外在层面着力于视觉提升，增强商品的市场吸引力，并明确清晰地吸引消费者购买。从内到外的创意，均一致地传递出符合设计目标的精神气质，注重外表之下的情感价值和文化价值。人们对文创产品开发要求的不断提高，体现了人们的美好生活需要。而这种美好生活的需要不仅仅是外在的，更需要内在文化作为根基。产品如此，产品包装亦如此。

2. 文创包装自身也可成为文创产品

文创包装亦文创产品！出色的包装设计其自身就可以成为一款文创产品。根据尼尔森的调查显示，有超过64%的消费者愿意仅仅因为包装的创新体验而去尝试新的产品。这一典型的消费心理值得文创设计师重视。消费心理是指人们在购买、使用、消耗物质或精神产品过程中的一系列心理活动。包装设计要抓住不同产品、不同场景的消费者的消费心理，将消费心理的逻辑规律或认知感受转化为整体的外在表现。而文创产品包装在此基础上还需要更加重视文化转译与情感沟通，购买文创商品的动机具有文化消费特征，使消费者的观念从商品消费转向文化消费。

如图2-38，阿里巴巴在2021年发起了"让家乡的年货潮起来"的活动。这些农副土特产经过包装设计后时尚潮酷起来。"真'梨'谱""举个'栗'子"等产品包装的谐音梗与梨、栗子农产品形成了巧合。

图2-38　土特产年货创意包装（铜雀设计工作室）

在视觉元素上调用五线谱等与之呼应，传递出年轻消费者喜欢的诙谐幽默。农产品本身所不具有的含义，通过包装创意进行赋能，从而使之与当代都市生活、网络文化产生关联，唤起消费者的情感共鸣，最终促成消费行为。在这个案例里，产品本身没有任何的设计，仅仅是产品包装的改变，一枚普通农产品变成一枚具有创意的农产品。捉摸年轻人的消费心态，让产品从物质需要向精神、文化需要过渡，就产生了文化创意所带来的附加价值。"江小白"就是非常典型的例子。它曾经一度风靡于年轻人的白酒消费市场，并多次跨界出圈，还打造了白酒型的旅游商品（图2-39）。通过文案的创意，结合精准营销，让产品直击消费者心灵，唤起共鸣并与之共情。一时间，"江小白"以文化创意产品的姿态打破了大众对白酒产品的固有印象。

图2-39　"江小白"的白酒包装创意

二、基于新消费的包装提升

狭义的"新消费"是指由数字技术等新技术、线上线下融合等新商业模式以及基于社交网络和新媒介的消费关系所驱动的消费行为。随着全球政治经济的变化,中国乃至世界的消费生态正在重塑。中国消费市场正在形成以国内消费为主,国际国内相互补充、相互促进的双循环消费新格局。广义的"新消费"则是指基于当前社会文化和经济背景,在新品牌、新品类和新技术的支持下,顾客潜在的、隐形的需求不断被挖掘和满足的消费体验,呈现出消费升级和创新提升的整体特征。新时代的新消费,是中国人不断追求美好生活的缩影,是中国经济发展的韧性与活力的体现。在新消费趋势的影响下,产品的包装也呈现出通过创意设计后明显的"体验拉升"。

1. 包装彰显文化特质

文创产品设计的包装明显区别于一般商品之处在于彰显文化属性,不能仅满足于通过印刷工艺突出高档感。就算朴素的印制工艺,因为有文化的介入,整个产品的体验也能与众不同。而创意设计也不应该过多地受制于印刷工艺的高低与繁简。如图2-40的蜂蜜包装,设计的独特之处在于将油画和刺绣两种风格结合,设计师将蜂蜜的诞生等过程分别借用植物、景物等元素绣在包装上,通过刺绣凸显当地的生态文化。与此类似,图2-41茶叶礼盒的包装引入手作技艺。将蜀绣小摆件植入盒盖。既通过蜀绣强化茶叶的高端印象,又通过茶叶礼盒传递了四川的地域文化。

图2-40 Private Apiary 品牌的蜂蜜包装

图2-41 "竹叶青"的蜀锦茶叶礼盒

2. 包装隐喻商品品质

商品通过包装的视觉感受可以映射产品的定位，隐喻产品的品质感。瑞典Forest & Shore 有机护肤品的包装设计整体自然、美丽、简洁，色调柔和，从森林和海岸中汲取灵感，配以干净的字体和精美的插图（图2-42）。受自然启发，该品牌还创建了一个手绘植物资料库。手工插图中的细线条和小瑕疵增强了品牌朴素、单纯的感觉。为了传递这种单纯的品质感，采用一种简单的印刷方法，使得图文有足够的呼吸空间。每个盒子顶部的手写标语增加了属于个人的印记风格，又与摄影工作室合作为该品牌设计了一系列产品和生活方式图片。

图2-42 瑞典Forest&Shore 有机护肤品包装设计

3. 包装传递新鲜视效

常规而竞争激烈的商品包装设计最大的挑战是做出新意。每年的中国传统佳节中秋节期间推出的月饼礼盒设计都需要围绕"月"的命题展开创意（图2-43），众多品牌可谓"八仙过海各显神通"，诸如引入互动操作、可供玩耍娱乐等。这些设计案例

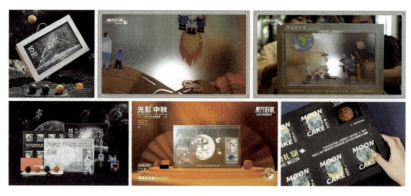

图2-43 "光影中秋·追月计划"月饼包装设计

为文创产品的包装寻求新鲜视觉效果提供了绝佳的借鉴范本。图2-43的礼盒在打开后成为航空主题的皮影盒,让古老的皮影非遗与科技的宇宙航空产生视觉的融汇与碰撞。

4. 包装融合使用功能

文创产品的设计创新角度之一是功能,因此产品包装的创意角度自然也就囊括了功能的角度。包装的新奇感并非一定都来自视觉效果,包装融入产品的使用功能,具有超出用户预期的特征,如便携、折叠、多元等,都可以赋予用户新体验。如图2-44的蜂蜜包装,其包装设计重心不在外包装上,而是将固态蜂蜜与勺子结合,溶于水后既是勺子又是搅拌棒。与前述的产品包装案例都不一样,从使用功能角度切入创新,完全突破了常规的蜂蜜包装形式。与此类似的,图2-45"棒棒茶"的出现是对传统袋泡茶的升级。挖掘到办公室人群泡茶的小痛点,一次性解决了泡茶、搅拌、茶水分离、果茶口味等问题,让泡茶喝茶变得更加简单。对潜在需求的挖掘,并提出具有创意性和创新性的解决方案,符合了当前"新消费"的特征。

图 2-44　蜂蜜包装

图 2-45　棒棒茶(品牌"TNO")

三、针对新需求的包装创新

"新需求"源自对新场景和新变化的聚焦与响应。尤其是对于旅游文创产品而言,文创产品设计可以对当前旅游场景的各种需求进行响应,结合文化要素与内涵转化,从而开发出诸多前所未有的新颖品类与创新方式。以旅游文创产品为例,出现了围绕便携、即食、即用等需求而生的创新设计。

1. 便携需求

便携性一直是旅游商品非常重要的特征之一。随着快递业的迅猛发展,如今若在旅游过程中遇到难以带走的商品可以选择快递服务。旅行便携性的需求看似降低了,实则对便携性的解决方案提出了更多更高的创新要求。快递解决了带不走的问题,而便携是为了满足轻巧轻松的旅行需求。如图2-46的衣服包装盒"HangerPak",盒身经过压痕、虚线模切等处理，让消费者可以经过简单拆分和折叠就得到一把可以挂衣服的纸质晾衣架。盒子的视觉设计也充分体现包装的功能。纸盒既是衣服的包装，又是衣服的便携挂晾衣架。包装解决了旅游过程中临时需要挂衣服的需求，并且与衣物包装盒紧密结合，环保又便捷。

图 2-46　可变成衣架的衣服包装盒"HangerPak"（设计师 Steve Haslip）

2. 即食需求

食品类或风味小吃类的旅游商品特别强调方便即食。美食类文创产品的包装若能顾及即食需求，其销量也势必会有更多的增长。即食符合旅游场景的真实状态。这一类产品的包装应在保障基本的安全卫生的前提下，追求分散小计量、便携拿取、可临时储存等。图 2-47 的烟熏三文鱼临时包装，采用了类似乐事薯片的抽屉盒，盒子透明可见，独立小包装让每一片都方便消费者食用。图 2-48 是灌汤包便携包装，该包装盒既顾及每一个包子独立分格并防止汁水渗透，又顾及多盒购买的消费者的便携。垒叠起来，从形态与颜色上看宛如小蒸笼格，还通过包装设计暗暗地传递出中国传统的烹饪文化。

图 2-47　烟熏三文鱼即食零食包装（品牌"Karmøy Laks"）

图 2-48　灌汤包便携包装（品牌"出笼记"）

3. 即用需求

旅游场景的产品包装除了方便带、方便吃,还要方便用,用户在需要使用的时候可方便拿取,不用时方便储存收纳。如图2-49的小罐装草本浴足包,洞察到养生人群圈层的横向喜好,发现目标人群对美妆类有高颜值包装设计的产品和咖啡类小罐装等产品具有相当高的购买率,并且美妆类头部新锐品牌的包装策略拥有不一样的包装思路。小罐浴足包的包装,融入传统中医药文化,结合外包装盒的美观性,打造了与众不同的、时尚的浴足包。图2-50的名贵药材包装形式将草本文化与文创产品进行了创新结合。巧妙设计的罐子底座与罐子盖,可以将药材及时捣碎以供使用。在方便取用的同时,又具有仪式感,传递出高档名贵氛围。

图2-49 小罐装草本浴足包(设计团队 ALINE STUDIO)

图2-50 藏红花的创新包装(设计师 Pradnya Phadke)

四、面向新审美的包装视觉

"新审美"是指当前文创商品针对年轻消费人群设计,较以往的同品类型一般性商品的传统设计,呈现出独立特性或比较特别的审美倾向。这些视觉审美风格有的具有社交属性的圈层化特征,并融入区别于大众主流的亚文化。总的说来,新审美探寻的是与众不同。这里的"众"是随波逐流的或毫无识别特征的意味。新审美的本质是以创新为导向的，在美感标准上是对设计桎梏的破除，对思维惯性的否定。这种自信感和无畏性不迁就、不顺从，从某种程度上来讲也是对设计权威的反抗和对美学话语权的争夺。

此外，有的新审美视觉风格还相当程度上受到了来自二次元、信息交互等方面的视觉设计影响。这些领域的一些视觉设计趋势或表现手法与视觉元素构建体系相似。而当这些新审美元素运用于文创产品包装，一方面塑造了独特的、强烈的视觉识别性，另一方面也与文创产品目标人群的消费心理相契合。这里的视觉独特性是相对而言，是相较于一般商品包装呈现出的较老派设计套路来说的。概括地说，目前市面上较为常见的文创产品包装的视觉创意风格有下面几种。

（1）萌文化

"萌"来源于日本卡通，随之衍生而来的"卖萌"被用来指扮可爱。萌文化最初流行于喜欢玩游戏看动漫的"90后"，当时还被成年人认为是幼稚的表现。如今萌文化已经作为一种社会文化流行开来，"萌文化"衍生"萌经济"，已经成为拉动消费的重要力量。事实上"萌萌哒（的）"的视觉风格已经成为包装设计的一种主流。而这种包装视觉独特性是相对于以往严肃正经的产品包装而言（图2-51）。

图 2-51　像褪褓婴儿的创意萌风谷物包装（一融设计）

（2）扁平化

扁平化的视觉风格是源自信息电子领域的界面设计，该风格是相对于拟物设计而言。扁平化视觉设计去除了渐变、阴影、质感、羽化、3D等各种表现修饰手法，提倡"少即是多"的美学理念，注重信息传达的有效性。仅用简单的形体来表达，显得干净利落、简洁清爽（图2-52）。如今的广告、包装、产品、UI等设计中均有扁平化设计的踪影。

（a）Bendito 果汁包装（设计团队 OTERO brand&brands）

（b）功能饮料包装

图 2-52　扁平化视觉设计的饮料包装

（3）赛博朋克视觉风

拥有五花八门的视觉冲击效果，比如街头的霓虹灯、街牌标志性广告以及高楼建筑等，色彩搭配通常是以黑、紫、绿、蓝、红为主。霓虹灯等成为其标志。赛博朋克风表达人类对未来科技过度发达的忧虑，在视觉上体现的是一种强烈的二元对立的色彩，充满矛盾和对立的视觉效果。赛博朋克视觉风注重塑造科技感与未来属性，注重对光的运用与撞色的饱和冲击（图2-53）。

图 2-53　"王老吉"的赛博朋克风饮料包装设计

（4）克制的暗黑系

暗黑系最初源自一种文体，克制的暗黑系只是单纯表达视觉的独特性，引入视觉元素的一种表现风格，多使用深黑、猩红、灰暗、苍白、幽蓝等色调，还略带有一些沧桑、沉浮的现实反思（图2-54）。

图2-54　版画表现手法的暗黑色系茶叶包装（品牌"平仄茗茶"）

(5) 极简风

有一类产品的包装设计呈现出了极简主义的意味。重视设计去繁存简,讲究传递沉静优雅和富有一定文化内涵的品位。看上去简素,实则往往具有无比深沉而炽烈的一面。包装上的极简设计既有高颜值,又颇具吸引力(图2-55)。

(6) 国潮风

国潮风视觉可以简单地理解为通过创意设计对中国传统文化视觉元素的时尚化、潮流化的

图 2-55 深泽直人设计的果味饮料包装设计

表达。无论是文创产品还是产品包装,国潮已经逐步成为一大显性的主流风格(图2-56)。随着中国经济的发展,文化自信被前所未有地重视,也是发展文化软实力,扩大中国文化影响力的重要发展方向。一方面中国优秀传统文化是一座视觉设计的巨大宝库,是国潮设计取之不尽用之不竭的源泉;另一方面新一代年轻人的文化觉醒也让国潮成为一种独特的视觉表现语言,并深受年轻消费者喜爱。

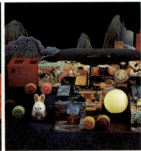

图 2-56 国潮风的月饼包装设计(品牌"妙手回潮")

前述的这些特色各异的视觉风格不仅仅是包装上的应用,平面化的文创产品也在大量采用。即文创产品与包装不分家,不能割裂看待,同时也离不开插画设计的支撑。无论是IP形象塑造还是包装设计、图案应用,原创插画逐步作为文创产品设计开发中的基础设计环节。视觉审美风格与插画创作深度浸润并互相影响。

第六节 色彩创新

一、文创色调的选择与搭配

1. 知名色彩

色彩创新是基于色彩的甄选与调配,最高阶的运用是创设了属于色彩自身的颜色IP。譬如最为知名和成功的范例克莱因蓝(International Klein Blue),号称是世间最蓝的蓝色。因被法国艺术家、新现实主义者伊夫·克莱因(Yves Klein)混合而成和首先得到专利而得名,亦称宝蓝色。1957年,法国艺术家伊夫·克莱因在米兰画展上展出了八幅同样大小、涂满近似群青色颜料的画板——克莱因蓝正式亮相于世人眼前。从此,这种色彩被正式命名为"国际克莱因蓝"(International Klein Blue,简称IKB)。此外,在设计界并不陌生的还有爱马仕橙、勃艮第红、蒂芙尼蓝等著名的颜色(参见表2-1)。

表2-1 国际知名的颜色

色块	名称	CMYK	RGB	颜色来源
	普鲁士蓝(柏林蓝)	100,41,0,67	0,49,83	又名"柏林蓝",源自亚铁氰化铁
	波尔多红	40,100,92,71	76,0,9	因法国波尔多红酒而得名的深樱桃红色
	邦迪蓝	100,18,0,29	0,149,182	来自澳大利亚邦迪海滩,是1998年iMac的标志性颜色
	勃艮第红	31,100,84,42	128,0,32	因与法国勃艮第所产的勃艮第酒的颜色相似而得名
	木乃伊棕	0,48,72,44	143,75,40	最初从木乃伊身上提炼得到,深受拉斐尔前派画家的喜爱
	卡布里蓝	80,36,0,48	26,85,153	一种蓝宝石色,得名于意大利卡布里岛著名的蓝洞湖水
	提香红	38,75,99,3	176,89,35	缘起于经常描绘金红发的画家提香,金红发也被叫作"提香头"

续表

色块	名称	CMYK	RGB	颜色来源
	蒂芙尼蓝	53,0,27,0	109,216,208	珠宝公司蒂芙尼所拥有的颜色，源自较浅的知更鸟蛋蓝。潘通色号1837是其品牌诞生年份
	爱马仕橙	0,77,90,0	255,119,15	源自奢侈品牌爱马仕的招牌橙色，在潘通匹配系统中，爱马仕橙是No.1448
	克莱因蓝	100,88,0,0	0,47,167	由法国艺术家Yves Klein创作的深蓝色，被称为最蓝的蓝
	马尔斯绿	86,29,52,7	0,84,77	由安妮·马尔斯（Annie Marrs）的姓氏和主色调组合而得名。灵感来源于安妮家乡苏格兰的泰勒河畔自然景观的一种蓝绿色调
	凡戴克棕	65,70,87,65	72,45,26	一种温暖而又深沉的棕色，以画家凡戴克的名字命名。最早是用褐煤或沥青土制成，这种沥青土里含有氧化铁

注：色值仅供参考，纸品往往需要专色印刷。

色彩与产品、商业进行结合，从而形成经典且富有识别性和记忆性的色彩基因，并为品牌提供持久的支持力。譬如蒂芙尼蓝是纽约蒂芙尼珠宝公司所拥有的颜色，为较浅的知更鸟蛋蓝。19世纪维多利亚时代，蓝色在欧美文化中就被视为是优雅与高贵的象征。知更鸟蓝更被誉为幸福的化身，而知更鸟蛋的蓝色（Robin egg blue）则被比喻成正在孕育中的幸福。蒂芙尼公司之所以选择这种颜色，就是因为品牌想要创造一种颜色来诠释幸福美满的爱情，蒂芙尼蓝的颜色游离在蓝色与绿色之间，比普通的知更鸟蛋蓝略微淡一点，看起来更清爽、素雅。1845年蒂芙尼公司首次将其用于蒂芙尼蓝书（Tiffany's Blue Book）的封面。此后，蒂芙尼公司将蒂芙尼蓝广泛用于包装礼盒、袋子等该公司推广物品的材质上。因为此色彩的独一无二，品牌标志性的白色缎带"蒂芙尼小蓝盒"也被注册了专利，成了包装史上最具辨识度的设计之一（图2-57）。蒂芙尼蓝被蒂芙尼公司宣传为世界上最美好、最幸福的蓝色。将颜色与珠宝产品进行紧密结合，使人们认为它是代表浪漫与幸福的色彩。

2. 搭配创新

从科学的角度来说，人类是视觉动物，超过80%的信息获取都是通过眼睛。颜色则是最简单直观的传达元素，一种亮眼或者别致的色彩，往往能够瞬间获得消费者的注意。潘通（Pantone）副总裁劳里·普雷斯曼曾说过，色彩影响了高达85%的产品购买决策，因此在产品的设计上，色彩的使用也是重中之重。

在运用颜色的时候需要根据产品或包装的调性进行搭配。对于平面设计类的产品来讲，在追求撞色的情况下也需注意和谐感。在设计插画时，对色彩的组合运用要更有张力，提升成品的关注度，另要注意避免印刷过程中色泽偏灰的情况。如图2-58，一些不同调性的搭配方式。

图2-57　醒目别致的蒂芙尼蓝色

图2-58　一些推荐的色彩搭配

3. 中国的色彩

中国传统的色彩体系融合了自然、宇宙、伦理、哲学等观念，形成了独特的中国色彩文化。中国色彩，传承数千年并蕴藏了世代的文化情结，既是古人智慧的结晶，更为中国设计提供了绚丽多彩的宝库。这些中国的颜色往往有着它的来历，其内涵被赋予了美好寓意。比如"百草霜"——霜，望文生义容易理解为白色，实则是深灰色。百草霜是从锅底刮下来的一味中药，即锅底灰。《本草纲目》记载："此乃灶额及烟炉中墨烟也。其质轻细，故谓之霜。"又比如藤黄——欧洲国家人们心中最知名的黄或是来自梵高的向日葵，而中国古人心中的一抹最明亮的黄是藤黄。古时得到它不易，要山海崖边的藤黄树，还得是长了十年以上的树，取它们分泌的树胶，晾干、制作，历经一年，制成藤黄。中国人给颜色命名，往往是"观物取意"，是对大自然万物与景致的感受和想象（图2-59）。如缥色、艾背绿、赭石、酞菁蓝等。每个色彩的背后，是古人看世界的心和眼，每种颜色如此富有诗意，浪漫美好而又具有哲理。

图 2-59　中国传统色彩

二、创以致用

1. 色彩基因

色彩在文创设计开发中的创新性应用，要以解决问题和创造价值为导向。文创产品对色彩的选择和搭配要回到文化的层面去重新审视和思考，并不是一味地追求吸引度和张力感，需要考虑产品品牌所蕴含的文化精神，遵循相关的色彩基因，从而达到通过文创产品进一步传承又强化品牌视觉形象的作用。譬如被无数国人所熟悉的新华书店更新了品牌视觉，设计了超级识别符号（图2-60），色彩系统中的中国红色被原汁原味地保留，但在此色彩基因基础上，改变为偏向年轻化的视觉审美。

2. 塑造潮流

新一代的年轻消费人群是重要的"新顾客"。产品颜色的选用在品牌视觉形象基础上大胆探寻时尚潮流感，赋予年轻能量。如从麦当劳推出的文创衍生品（图2-61），可以分析出几个方面的潮流塑造方式。一是大面积使用品牌基因色调。二是高饱和度呈现明亮的、抢眼的视觉效果。这是一种高调的、主角性的色彩使用方式。三是在产品固有颜色和图案颜色之间大胆使用撞色，形成对比色的夸张。四是符号化的表现，让这些文化符号演变为一种重复式的图案构成调式，甚至是呐喊式的腔调，进而形成一种近乎含有思想性的表达意味。五是结合产品自身材质表面的光泽感，让颜色具有光的质地，进一步强化明亮，洋溢青春、主见、自我，形成一脉相承的效果。再看看瑞典SNASK设计公司的概念设计（图2-62），塑造了鲜明的年轻时尚感，其方式与前述的总结基本一致。

图 2-60　"新华书店"品牌视觉形象

图 2-61　麦当劳的文创衍生品

图 2-62　瑞典 SNASK 设计公司的概念设计

3. 情绪影响

色彩感知潜藏着一个复杂的情绪反馈过程。颜色确实能对用户感知的价值和信任产生积极或消极的影响。即颜色可以直接影响用户对产品或品牌的价值判断，选择合适的颜色可以给用户一个直接的指示：用户会判断这是一个高端、昂贵的产品，还是一个低端的产品。文创产品设计就是要刻意地利用好色彩对情绪的影响，要么是降低，要么是强化这个影响。增加颜色的饱和度，就会提升对观者情绪的影响，甚至会形成刺激。生物界有毒的动植物的颜色常常异常鲜亮或有冲突性配色，有着警示的作用。因此我们以此为借鉴，在警示标语牌上也使用了类似的色调搭配。譬如，将人们习以为常的鸡蛋换一个带有警示的色调，瞬间感觉"有毒"，而且视觉带来的生理不适感剧增（图2-63）。由此可见色彩对情绪影响的强烈程度。

图 2-63　颜色对人的情绪影响示例

而降低色彩饱和度，或者采用不明确色相的颜色，其实就是在降低和削减色彩对人情绪的影响。消费者之所以觉得一些颜色看起来"显得高档"，多数情况是因为该颜色传递出的情绪很少。黑白照片看起来似乎比彩色照片高档，大部分奢侈品牌的平面广告经常选择黑白色调，其实都是在降低色彩对于人情绪的影响，从而使消费者感觉高档。人们平时经常提及的"高级灰"就是降低饱和度，色相不是那么明显后，而使人有高级的感觉。因此，在使用撞色方式的色调搭配时也可以考虑适当地降低其饱和度，如此能让色彩组合的感染力既冲击又和谐，既张扬又收敛，如图2-64的国风撞色举例。

图 2-64　国风撞色举例

4. 产品格调

恰当运用新颖的色彩也能成为文创产品引人注目的创新点。色彩自身就是一种文化元素和创意设计要点，如宫廷风的富丽堂皇，敦煌风的雍容华丽。"敦煌色系"是东方美学乃至世界的色彩宝库，具有不可取代的历史价值和审美价值。敦煌壁画在色调搭配上富有张力但不犀利，画中冷暖色调都互相协调，用中性色加以调节，画面绚丽多彩的同时又有主色调统一着画面，其手法充分运用了补色对比的魅力，使壁画色彩之间充斥着律动美感。敦煌颜色成为自成体系的敦煌腔调，每年数以万计的游客都被其惊艳。通过欣赏一幅幅充满历史沉淀的壁画仿佛能与相隔数千年的古人隔空相见，凝视壁画，和古人产生情感共鸣。好的灵感来源于大自然，敦煌的色彩在自然、历史和环境的打磨下，变得气势磅礴、飘逸、优雅而细腻。一幅幅美丽的画面宛如神来之笔，形成了人们现在所看到的如此辉煌的敦煌色彩，沉淀了千年的颜色为世人展现出了它绝美的色彩，这是历史与自然的和谐统一。无论敦煌文创还是敦煌风的设计，只要将敦煌色彩移用到文创产品上，就绚丽多姿，感染力尽显（图2-65）。

图 2-65　敦煌色系的文创产品

好的色彩创用，不仅仅能形成产品价值的隐喻，更重要的是赋予产品文化内涵与格调特征。这种调性往往是能打动消费者的消费触点，以文化体验作为驱动消费的利器。与敦煌色系的瑰丽多姿、绚烂奔放完全不同的是，朴素的颜色可以渲染出沉静内敛的雅致和幽思空净的禅意（图2-66），同样蕴含着极具东方哲理的思想品格。此外，以产品格调为导向的色彩创用，单一的颜色配合产品材质的创新，也能塑造出极具富贵华丽但又不俗气的色彩效果（图2-67）。从看到色彩的第一眼就能看出产品色调设计的定位，传递出一种淡雅而克制的高贵气质。

图 2-66 朴素色调营造出禅意的文创蜡烛（"掌纹蜡烛"手作工作室）

图 2-67 色调设定与众不同的青梅酒（设计团队"深圳和谐设计"）

第七节　科技融合

一、数字和创意的融合

1. 文化科技融合

文化与科技的融合，是艺术与技术的关系在当代的拓展与升级。它的内驱力是艺术发生发展的内在规律演变，外驱力是艺术生产力与科技创新手段不断提升。在全球化的浪潮下，世界各国纷纷企图将自有的特色文化与数字科技融合，发展文化创意产业。特色文化的内容生产依赖特色文化资源的科技创新表达，特色文化的形态创新依靠数字科技对特色文化资源的激活。融合是一个"化蝶"蜕变过程，不同阶段采取不同步骤，核心是价值引领，为人的全面发展寻求生产生活新方式。充分挖掘与新兴科技伴生的文化及创造力，开发人对自然、社会等认知的新领域，为社会发展寻求文化性价值。

2. 数字藏品

数字藏品对于文创产品设计开发来讲是需要特别关注的领域。文博类数字藏品对应文物实物，而作为"镇馆之宝"的文物还具有较高知名度和认知度。数字藏品是对文物进行3D精准还原，即原型复刻，细节上可以做到与真实文物一模一样，使用数字介质将历史文化价值和审美价值呈现出来。在限量发行的情况下，对于藏家来讲具有一定的稀缺性。文博类数字藏品的走向，将赋能于实体产品，一方面进一步提升新一代年轻人对文物及背后的历史文化知识的认知；另一方面构建数字资源库，为后期的文创产品开发和创意设计素材提供良好的数据基础，也是文博行业探索数字化产品发展道路上迈出的前进步伐。

二、科技融合文创之一：制造赋能

绝大部分的文创产品是实体形态，文创产品的开发离不开实体制造业。因此，文化创意产业与制造业的融合发展是客观必然的趋势，有着内在的动力和汇合的发展路径。根据"中国制造2025"战略部署，近年来，我国多个省市纷纷出台举措推动"传统制造"向"智能型制造、服务型制造"的高端方向发展。在此过程中，推进文化创意和设计服务等新型、高端服务业发展，促进其与实体经济深度融合，是培育国民经济新的增长点，提升国家文化软实力和产业竞争力的重要举措。一方面，文化创意产业与制造产业的渗透与融合，势必将大力加快推动我国经济发展，突破"低端锁定"向高端价值链攀升；另一方面，文化创意产业的发展也离不开制造产业的强有力支撑。对于文创产品开发来讲，诸如装备产品、电子产品、电器产品等品类的加入，也体现了文创与制造业融合的发展路径。

　　文创赋能制造，文化创意产业利用自身在创意、设计、内容等方面的优势，为提高传统制造业的产能效率，提升其产品价值提供相应帮助，尤其是通过赋予其文化内涵而提高产品附加值，体现文创的溢价价值。制造赋能文创，则是文创设计的实体落地与规模产业化，需要制造业通过自身成熟的工业生产体系和制造科技来实现。诸如3D打印、全息成像等就是典型的例子。当前我国文创产品开发在制造赋能方面，相对于我国拥有成熟且完整的工业体系来讲还比较滞后。尤其是在文博文创产品开发领域，往往受限于制造成本，大量集中于平面类的产品类型。因此，笔者作为长期在一线从事文创设计开发的从业者，一直呼吁当前文博文创需要重视工业设计类的产品开发，从而提高文创产品的创新度和制造水平。

三、科技融合文创之二：赋能体验

　　中共中央办公厅、国务院办公厅印发的《关于推进实施国家文化数字化战略的意见》提出，到"十四五"时期末，基本建成文化数字化基础设施和服务平台，形成线上线下融合互动、立体覆盖的文化服务供给体系。围绕这一目标，许多文博机构纷纷与科技企业合作，推出各具特色的数字文创产品，丰富文化服务供给，给广大人民群众带来了全新的文化消费体验。文创产品通过科技手段来增强文化消费体验的方式目前常见的有三种情形：一是迎合生活方式，改进产品使用的过程，让使用体验更加符合用户的消费需求以及契合目标人群的消费价值观；二是引入AR等数字技术让体验更加生动直观，形成产品与文化知识之间的桥梁，同时也体现了数字科技的艺术创造特征；三是突显文创产品的文化传播性，让文化传播媒介与当前的移动互联网和融媒体无缝对接。

如图2-68和图2-69所示，笔记本与马克杯都是比较传统而常见的文创产品，引入了AR技术，让消费者感受到月球近在咫尺，能清晰地看到月球的表面。当用户使用配套App扫描马克杯的杯底，AR增强现实技术可呈现当日的实时月相。从古人遥望月亮品味月色，到如今科技加持实现真正地在杯中赏月，带来新奇体验的同时既让文创产品增加了附加价值，又让文化知识更加深入人心。

图 2-68　爱宇奇·星球系列 AR 笔记本

图 2-69　爱宇奇·月相日历 AR 马克杯

四、科技融合文创之三：促进业态

科技催生的文化新业态和新模式不会是昙花一现，而是文化发展与复兴的重要一环。文化发展既要满足人民群众的文化需求，又要增强人民群众的精神力量，提升民族文化影响力。而文化产业中的大量数据、信息、知识的运用和再创作等，都需要加强原创性，确保内容安全不被侵蚀。在数字科技发展的当下，文化创意产业与数字经济已经形成了深度融合，文创产品设计开发也自然而然地受到深刻影响。科技赋能了更多创新文化业态与模式，解放了生产力，释放了创造力。

为贯彻落实党中央、国务院关于数字经济和信息化发展战略的重大决策部署，科学界定数字经济及其核心产业统计范围，2021年5月，国家统计局出台了《数字经济及其核心产业统计分类（2021）》。该分类将数字经济产业范围确定为：数字产品制造业、数字产品服务业、数字技术应用业、数字要素驱动业、数字化效率提升业等5个大类。在此文件中，与文创产品设计开发紧密相关的是属于数字商贸的数字化零售（行业代码050602）。文件明确了"数字化零售"是指在商品流通环节中有数字化技术适度参与的零售活动，包括无人店铺零售、新零售等。但不包括主要通过互联网电子商务平台开展的商品零售活动。由此可见，文创产品开发需要考虑到销售端的业态创新，可以探索与新零售的结合，将文创业产值纳入数字经济统计核算中。

03 第三章

文创IP形象与
插画应用

第一节 文创产品的IP视觉形象

一、IP的定义

IP是知识产权（Intellectual Property）的缩写，IP的本质是无形资产的产权与收益权。在影视行业，IP通常被定义为热门网络内容，然后用来改编成IP影视。在影视之外的各个产业，对IP的理解反而更贴近本质。IP是有文化沉淀价值的、有商业持续开发能力的无形资产。在"中国文化＋商业生态"基础上，出现了这样的整合趋势：用一个IP概念，将文创、影视、动漫、游戏与品牌营销、文旅、商业、设计、个人、潮流时尚等充分串联在一起，就是泛IP时代。

在泛IP时代，如何打造品牌IP似乎成了必修课。数字媒体时代，传统标志已经显得不够生动个性，不符合时下消费趋势。企业需要稳定有温度的品牌IP形象，树立自己的文化符号。对于品牌和产品而言，IP形象的功能和情感价值均无可否认。在功能上，IP形象具备典型的符号性，对于品牌的识别、记忆、唤醒、推广都十分有利；在情感上，IP形象可以通过丰富的形式快速拉近品牌与受众的距离，促成心理认同与积极情绪。

原研哉在小米的品牌设计升级中融入了东方哲学的思考，认为"科技越是进化，就越接近生命的形态"，并提出了"ALIVE生命感设计"的概念，由此推导出了最适合体现"生命感"要素和性质的理想图形，引发了业界的关注与讨论。"生命感"一词落实在几何图形上确实抽象，但"生命感"的设计观点值得设计师们深入思考，体现在品牌气质上如此，体现在IP形象的塑造上亦是如此。

那么，具有生命感的IP形象能为观者或受众带来什么？从"ALIVE"的设计概念来看，生命感是科技与智能的高阶表现，对于注重科技与效率的产品而言，或许是一个不错的设计思路。从心理学的角度看，人类对事物的审美愉悦产生于对生命的自我发现。任何事物只要能够呈现出生命的表现，而人们又能从中看见生命的动态平衡和追求过程，就能产生审美的愉悦。可见，具有生命感的IP形象更容易引起人们的情感共鸣。因此可以这样认为，具有生命感的IP形象设计能够加速自身价值的呈现，同时也可以促成自身效价的最大化。经调研与实践总结，具有生命感的IP形象由表及里表现出三个层次：仿真化、拟人化、人格化。此处以天猫的星秀猫家族IP为例来分析生命感三层次的表现。

1. 仿真化

仿真化是对形象本身的物理及生物特点的感官还原，表现在造型、空间、色彩、质感、动态、声音等多方面。仿真化程度越高，形象越生动自然。如图3-1所示，与二维表现相比，星秀猫的3D表现在空间、光影、毛发渲染等方面均进行了更接近真实的呈现，因此效果也更加生动自然。

图3-1　仿真化的"天猫双十一星秀猫"

2. 拟人化

拟人化是把物（包括物体、动物甚至思想或抽象的概念）拟作人，使其具有人的形态、情绪、行为、语言等特征。拟人化程度越高，形象越亲和讨喜。如图3-2所示，与游戏预设的猫咪形态相比，升级后的猫咪形态更接近人体的构造，表情和动作也随之丰富起来，因此整体形象表现也更加亲和讨喜。

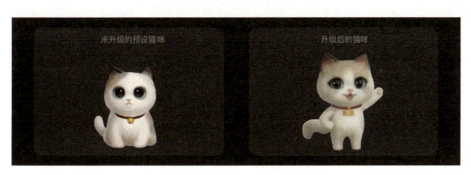

图3-2　拟人化的"天猫双十一星秀猫"

3. 人格化

人格化是指把人的精神特质赋予物，使其如同一个有灵魂的人一样。人格是IP行为表现和反应的重要动因，清晰明确的人格特质能赋予IP更和谐、合理、统一的表现，能聚合足够的能量在受众心中形成线索与记忆，达成情感共鸣。因此，可以说人格化程度越高，IP形象就越鲜活灵动。

2020年"双十一"期间，天猫推出了"养猫猫"的大促助力活动，主角是3只多才多艺的小猫咪：怀揣舞蹈梦想、活力十足的"淘淘"，外表酷酷的说唱歌手"Eleven"，温柔帅气的音乐天才"天天"。如图3-3所示，3只小猫的造型选用了时下最受中国爱猫人群喜爱的"布偶""英短"和"橘猫"形象，与各自的人格设定相得益彰。制作团队甚至还为其打造了具有故事情节的"星秀猫成长日记"系列图鉴，讲述了怀揣舞蹈梦想的"淘淘"如何直面挑战，重返舞台拿下全国舞蹈大赛冠军手杖；说唱黑马"Eleven"如何强势逆袭创立自己的说唱厂牌成为年轻说唱歌手；能弹会唱的"天天"如何不忘初心，拒绝单飞在全国大赛一战成名。星秀猫家族各具特点的人格表现与讨喜的外观形象，吸引了大批量不同性别、年龄、职业、兴趣爱好受众群体的关注，让人印象深刻、不得不爱。

图3-3 人格化的"天猫双十一星秀猫"

在IP生命感的三层次表现中，受众的感知顺序通常是由表及里的。观者往往最先被外观吸引，随着时间的积累与多元的信息接触而对IP产生深层次的认知共鸣。常见的IP设计类型有内容IP、文艺IP、潮玩IP、产品IP、品牌IP五个类型，参见下表3-1。

表3-1　IP形象设计类型

类型	IP形象	图示	IP来源
内容IP	《乡村爱情》系列		《乡村爱情》IP盲盒设计，以影视内容为基础，将内容IP化。丑萌的造型赢得了一大波粉丝的追捧，虽然很多小伙伴可能并不是《乡村爱情》影视剧的忠实粉丝，不过这种罕见的接地气造型，依旧引起了一波爱好收藏的小伙伴们抢购
文艺IP	村上春树		热衷各种联名的优衣库，联名相对和潮流文化不搭边的文艺圈IP，再次让人看到了联名的想象空间有多大。品牌不再局限于众所周知的IP，开始不断拓宽想象的边界，寻找更多新IP，进行创意组合
潮玩IP	泡泡玛特（POP MART）		泡泡玛特是近几年靠IP运营最成功的潮玩企业之一，市值千亿，离不开其背后85个IP的支撑。比如Molly，一个嘟着嘴巴的小女孩，就是它推出的最成功的IP盲盒。而且泡泡玛特在其公开的上市IPO招股书中也写道："IP是我们业务的核心"
产品IP	熊本熊（Kumamon）		熊本熊最初是吉祥物的身份，为熊本县带来了更多的观光以及其他附加收入。但熊本熊依靠自身呆萌的形象、独特的IP授权运营方式，在全世界受到了超乎想象的欢迎，成为在世界上拥有极高人气的吉祥物，促成了其产品IP化
品牌IP	阿里巴巴动物园		阿里巴巴动物园全套品牌形象、京东的白犬JOY、QQ的企鹅等互联网企业IP形象早已深入用户内心。在互联网全面渗透的时代，传播的碎片化使传统营销效果下降，渠道的扁平分散使过去的通路打法不够用，人群的圈层化要求品牌最好能建立自己的粉丝圈层，而这些，都是旧品牌形象工程无法胜任的。品牌IP化，特别适合在碎片化传播中实现稳定的价值传播，并建立情感共识，这些都是传统品牌形象工程无法胜任的

二、文创IP视觉形象

文创IP的重要作用在于制造话题，通过"文化+设计"创意的融合，形成病毒式的营销范例。当下传播最厉害的渠道即是互联网端的口碑传播，年轻人群构成了互联网口碑传播的主要力量，旅游文创IP产品与年轻人群的传播痛点完美契合。在博物馆文创IP衍生品的开发过程中，要用系统的文创思维来构建完整的消费闭环，以线上线下运营思维来打造强势IP内容，要思考淡旺季的影响来优先解决立体化的消费渠道问题，要找到消费痛点来提供最好的产品和体验。博物馆在IP的开发上具有先天性优势。博物馆的每件藏品、每个元素背后，都有一个活生生的故事，它们更加厚重，更加独一无二。从字面上看，可将文化授权通俗地理解为与文化相关的知识产权的授权与监督使用。文化所蕴含的价值及其所体现出的权利之所以可以被用来授权，主要是因为文化具有天然的渗透性、衍生性特点。该特点决定了文化中的精神内容可以被不断提取和反复利用，并以具体符号的形式融入不同的物质载体和媒介中，形成内容与形式丰富的文化产品和服务。文化的渗透性和衍生性使文化通过知识产权的授权实现价值的增值和外溢成为可能。在万物皆IP的新文创风口下，故宫博物院、敦煌博物馆和河南博物院等为博物馆IP文创打造开了好头，它们通过打造IP的方式快速出圈，重塑文化活力（表3-2）。

表3-2 博物馆IP形象

博物馆	IP形象	图示	原型
故宫博物院	故宫猫		
敦煌博物馆	敦煌壁画（飞天）		
河南博物院	唐宫夜宴（唐小妹）		

续表

博物馆	IP形象	图示	原型
甘肃省博物馆	铜奔马（绿马）		
陕西历史博物馆	唐妞		

第二节　IP视觉形象的插画转化

一、IP视觉形象的插画转化案例

插画作为一种高效的视觉表现手法，在如今的文创设计中已被广泛应用。可以简单把 IP 视觉形象的插画转化归纳为："插画 IP = 一元的视线 + 二元的画面 + 多元的故事"。它可以有效地帮助产品快速触达并感染用户，提升活跃度和活动转化率，塑造品牌形象等。Trovo 是腾讯的海外版电竞直播软件，作为一个面向全球的泛游戏化内容和互动社区，目标是为全球年轻一代玩家提供海量优质的游戏直播内容。搭建起一套产品专属插画库的重要性自然就不言而喻了。

如图 3-4 所示，通过对主流游戏平台用户行为的观察分析，以及前期进行的问卷调研，可以归纳一下目标群体的一些特征：主要集中在北美和欧洲地区，喜欢游戏和直播，同时非常推崇年轻、搞怪、彰显个性的事情。

图 3-4　"腾讯 Trovo"目标群体特征

通过对目标用户、产品自身特性，以及希望插画所传递信息的了解，可以提取出几个关键词作为后面创作的理念和风格导向。如图 3-5 所示，其中夸张、搞怪和游戏化是与 Trovo 插画风格最契合的三个词。

图 3-5　"腾讯 Trovo"插画风格特征提取

Trovo 已有的 IP 形象是一只名叫 Leon 的酷酷的变色龙，如图 3-6 所示。每一个 Trovo 的用户都有生而不同的创造力，就像一只魔力变色龙一样，坚持做自己的同时，也以其与众不同的方式影响着 Trovo，并创出 Trovo 社区更多快乐和精彩。基于 Leon 创作的表情系统，其视觉表达和形象气质与用户的喜好高度吻合，在平台的各个直播间也非常受欢迎。可以沿用这套表情线面结合的插画方式和搞怪有趣的气质特点，在用户认可的基础上进行插画库的升级创作，使风格更加统一，用户也更容易接受。

在对 Leon 这个 IP 形象进行插画转化的过程中，继续沿用变色龙 Leon 作为基础 IP 形象，如图 3-7 所示，在研究了多个欧美经典搞怪形象后，采用二头身的身体结构和大眼睛的特点来突出诙谐的气质。通过进一步确立身体结构和抓取关键特征，就得到了一个酷酷的又有点搞怪的基础 Leon 形象。最后绘制出三视图从多个角度丰满人物形象，作为人物比例和后续延展动作的参考。

如图 3-8 所示，通过对插画系统的内容进行归纳，分为了主体、背景和元素三大类。在后续的业务需求中，设计师可以根据具体情境把它们组装和结合，达到高效输出和重复利用的目的。主体指的是在插画中占据视觉主导地位的内容，通常是具体的人物或物品等。这部分使用频次最高，内容最丰富，为了方便整理和使用，又可以进一步细分出"人物""物件""文字"和"状态"四部分。

图 3-6 "腾讯 Trovo" IP 形象及表情包系统

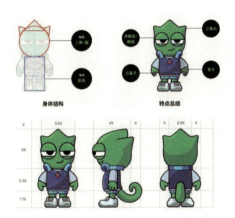

图 3-7 "腾讯 Trovo" 基础 Leon 形象三视图

图 3-8 "腾讯 Trovo" 插画系统内容归纳

1. 主体

（1）人物部分

人物部分是根据该平台的 IP 变色龙 Leon 在游戏、运动、工作等不同情境中展现出的动作形象（图3-9）。

（2）物件部分

通用类物件（饮料、炸鸡等）、游戏化物件（手柄、电视）、产品类物件等，它们的存在是为了可以更好地帮助营造该情境，使得画面更加丰富和饱满（图3-10）。

（3）文字部分

欧美游戏用户在观看直播时，用很多自己喜欢使用的语言来表达内心的情绪，而文字部分就是为了让情境更具有情绪和感染力，可以更准确快速地直击用户内心（图3-11）。

（4）状态部分

最后一类主体内容就是在产品中经常出现的各种状态。如图3-12所示，有趣的插画可以很好地缓解用户在遇到异常状态时失落和焦躁的情绪。

2. 背景

如图3-13所示，背景部分是一组网格状的图形，通常尺寸较大，透明度较低，用在画面底部作为底纹使用。

图 3-9 "腾讯 Trovo"人物部分的设计

图 3-10 "腾讯 Trovo"物件部分的设计

图 3-11 "腾讯 Trovo"文字部分的设计

3. 元素

如图3-14所示,元素主要是以标志和产品调性衍生出来的一系列品牌图形,像是画面的调味剂,主要起到辅助和修饰的作用。

插画库整理好以后,遇到需要用到插画的宣传海报或邮件,就可以将上述几部分根据产品需求进行组合来快速创作。如图3-15所示,主体人物选择正在打游戏的 Leon,搭配屏幕和游戏手柄等物件,还有表达氛围的"HYPE"文字,最后再加上合适的背景和装饰元素,就可以得到需要的插画了。

二、文创IP形象案例

1. 宇宙猪BOOBOO

宇宙波玩具"厂牌"将宇宙题材和猪猪题材结合,做出的萌趣好玩的宇宙猪BOOBOO系列IP作品(表3-3)。作者给BOOBOO绘制了外观形象,设置各种有趣的冒险情境,增强故事性与看点。浩瀚的宇宙里充满各种有趣的挑

图3-12 "腾讯Trovo"状态部分的设计

图3-13 "腾讯Trovo"背景的设计

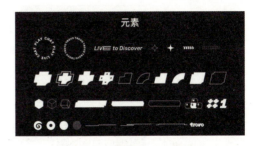

图3-14 "腾讯Trovo"元素的设计

图3-15 "腾讯Trovo"IP视觉形象的插画转化

战,当然也隐藏着很多危险,于是,BOOBOO拥有了各种各样的道具、飞行背包及武器。经过第一期的测试,作者给BOOBOO增加了"暗星版",增强宇宙猪BOOBOO的故事性,这次的BOOBOO将闯入以吞噬光为目的的暗星,以全新的装备来迎战强大邪恶的暗星人。在这里,BOOBOO展示出自己酷酷的一面,原来猪猪也可以这样萌酷。

表3-3　宇宙猪BOOBOO系列IP形象

IP形象	基础形象	故事性延展
宇宙猪BOOBOO		
暗星版		
延展插画		

2. 闲蛋猫

作者三寿创作的国风猫名为"闲蛋猫",自称是天宫遗宠,向来瞧不起地面上的各类宠物,尤其不服生肖动物,靠着贩卖蠢萌混吃混喝,日子倒也滋润有趣!闲蛋猫身体肥胖,戴着个绿色虎皮帽冒充老虎,猫假虎威。在心情大好,或看到吃的时,头顶的花朵就会绽放开来(表3-4)。水墨画的笔触,赋予闲蛋猫不同的形象延展,迎财、饮酒、练功、观灯等。依托传统文化塑造了不同的猫咪形象,有唐宫夜宴版、西游记版、三结义版、水浒传版等,闲蛋猫不同的生活经历,好看且充满乐趣。

表3-4　闲蛋猫系列IP形象

IP形象	基础形象	故事性延展
闲蛋猫		
唐宫夜宴版		
西游记版 三结义版 水浒传版		

第三节 插画设计的产品应用

一、插画设计应用范围

插画在中国被人们俗称为插图。通行于国外市场的商业插画包括出版物配图、卡通吉祥物、影视海报、游戏人物设定及游戏内置的美术场景设计、广告、漫画、绘本、贺卡、挂历、装饰画、包装等多种形式。插画已延伸到现在的网络及手机平台上的虚拟物品及相关视觉应用等。

在当下设计领域中，插画应用可谓是极其广泛，插画具备的视觉表现力和情绪感染力，能让品牌形象及产品设计十分出彩。现在的市场环境也是瞬息万变，需要在维持品牌形象的同时，在产品视觉方面不断创新，从而提升品牌的附加价值。其实在市面上的产品外包装上，会看到越来越多的插画，很多带有故事情节的插画元素被应用在包装设计上，提高了包装的观赏性，促进了包装的阅读识别性。

插画可以突出产品信息卖点，在设计插图时应结合产品卖点进行创作并且突出卖点，加强客户印象，要避免毫无依据地进行插画绘制，否则只会让消费者迷糊。插画可以传递情感，好的插画设计不仅能表现产品卖点，还可以通过插画场景或故事传达情感进而打动消费者，在一定程度上能让消费者从产品包装就接受产品。包装作为一个免费的全天候的信息载体，可以传达美感和产品信息，还能表达情感。插画可以增加产品的趣味性，其实具有趣味性的事物是最吸引人的，而利用手绘插图就可以轻松实现，生动有趣的插画场景能很好地吸引人们的注意力，使产品变得有趣味性，特别是在当下快节奏的生活场景下，面对日常生活中的压力，搭配趣味性插画的产品包装可以很好地让消费者体会到放松和娱乐的乐趣。

二、插画设计应用案例

1. 草莓熊应用案例分析

草莓熊，英文名Lotso，是迪士尼公司和皮克斯动画工作室于2010年合作推出的动画片《玩具总动员3》中的角色，草莓熊有着粉白双色、毛茸茸的可爱外表。2022年，主打时尚前卫的KiWi EV微型电动车与草莓熊开启了首次合作之旅。如图3-16所示，这款KiWi EV草莓熊概念款车型在细节上做了很多改动。在外观上，车身使用了草莓熊的粉白双色毛绒材质进行包裹，车身侧面拥有颇具立体感的草莓熊俏皮可爱的形象，在后挡风玻璃处也印有草莓熊的头像。此外，车顶和车尾配备了毛绒熊耳和尾巴来进一步点缀。

图3-16　KiWi EV草莓熊概念款车型

如图3-17所示，内饰设计与外观的风格保持一致，中控和方向盘处大面积采用了草莓熊粉白的新潮配色。舱内一体式座椅、车门扶手、车内后视镜等使用毛绒材质包覆，营造出"草莓熊怀抱"的温暖感。按下"喇叭键"，星空顶上由草莓熊头像及特殊字母组成的轮廓灯即亮起，提升了舱内的时髦气息。

图3-17　KiWi EV草莓熊概念款车型内饰

2. 常见的IP插画形象的产品应用

闲蛋猫与晨光文具联名推出闲蛋猫系列的中性笔，唐宫夜宴推出的系列文创产品包括保温杯、尺子、盲盒等,甘肃省博物馆铜奔马IP的产品载体包括飞盘、风筝、口罩等,故宫博物院打造故宫猫IP,衍生出文具、礼品袋、拼图等,将IP形象与用户的日常生活深度融合(表3-5)。

表3-5　IP插画形象的产品应用

IP插画形象	产品图示	产品载体
闲蛋猫系列	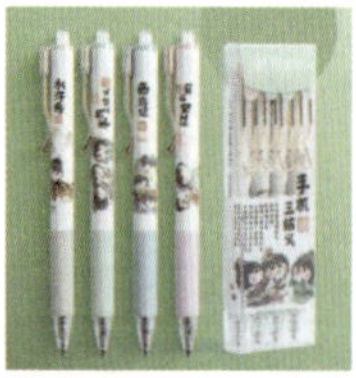 	中性笔 拼图
唐宫夜宴系列	  	保温杯 尺子 盲盒
铜奔马系列	  	飞盘 风筝 口罩
故宫猫系列	  	文具 礼品袋 拼图

第四节 商业插画的创作基础

商业插画——为企业或产品传递商品信息，集艺术与商业于一体的一种图像表现形式。

一幅插画在创作初期需先明确要表达的主题思想，需有一个完整的故事架构来支撑整个插画内容，需要先把故事编好，有了完整的故事便可以开始从中提炼关键词进行对应元素的设计绘制，丰盈整个画面的同时也提高了插画的故事性和看点。

插画设计中最重要的就是构图、色彩、光影三个方面。

一、构图

1. 画面构图

①对角线构图：插画中较为常见和常用的构图形式，能极大地提升画面张力和动感。如图3-18所示，作品将"一触即发·即时脑暴"的理念融入插画设计中。整个画面以能量供给站为主视觉元素，在醒目明亮的标志的引领下，视觉焦点由中心到边缘，城市的高楼中加入"即时设计"这一丰富的功能元素，可以穿梭的电子屏，展现即时设计的特色化服务以及专业的功能设计，团队成员进入元宇宙空间的传送带，打破限制，实时协同，一站式完成高效工作流程。

图3-18　对角线构图（笔者及团队绘制完成）

②三角形构图：三角形是最稳定的图形，在插画中采用三角形构图在给予画面稳定感的同时带来一定的安静感。如图3-19为《银翼杀手2049》电影海报，人物居中，与画面形成三角形的构图形式。

③向心形构图：又称散射式构图，以画布中心为起始点进行聚集或扩散，构图方法能明确引导观者的视线走向，突出中心内容。如图3-20，海报的主体以文字"乐队的夏天"为中心内容，音符、音箱、人物等与音乐相关的元素围绕这个中心进行聚集。

图 3-19　三角形构图
（《银翼杀手 2049》）

④S形构图：能够提升插画的画面纵深感，多用于刻画场景中的山川、河流、道路等，可以让画面更有空间感和延伸感。如图3-21所示，画面以S形的阶梯增加空间纵深感。

⑤三分式构图：横向或者纵向分为三份，每一份都有自己的主体元素，多用在场景和小品叙事类插画中，要确保画面节奏感和能应对多个视觉焦点。如图3-22所示，画面中的每个角色有自己的动态，整个画面充满故事感。

⑥对称式构图：具有对等、稳定、平衡的特点。在做对称图形时也要学会破形，避免画面出现呆板问题。如图3-23所示，画面中左右元素保持一致，在画面的中心位置，采用神鹿作为破形，打破画面的呆板，增加动感。

图 3-20　向心形构图（UIDWORKS）

图 3-21　S形构图（插画师 Shan Jiang）

图 3-22　三分式构图（Blue Labo 工作室）

图 3-23　对称式构图（插画师温瞳 Baby）

2. 画面视角

不同的画面视角带来不同的感受。画面如果采用平视构图，视觉张力平淡。如图3-24所示，画面采用了平视构图的呈现方式，呈现的画面平淡无奇，无冲突。

仰视构图，高大伟岸、画面夸张、有视觉张力。如图3-25所示，在第一视角看画面，是以仰视的角度，能够感受到画面人物的脚与胳膊的大小差距，充满张力。

俯视构图，如图3-26所示，京东618狂欢节活动海报设计，以蛋糕为视觉中心，增强视觉张力，以俯视的角度提升画面的空间感。

图 3-24 平视构图
（艺术家 Muhammed Sajid）

图 3-25 仰视构图（Blue Labo 工作室）

图 3-26 俯视构图
（插画师 Justill）

二、色彩

关于色彩的基本标准，包含主色（烘托主角、主题印象、少于三种色彩倾向）、平衡色（辅助功能、点缀印象、少于三种，与主色互相达成烘托效果）、最深色（压住重心）、最浅色（增加透气感）以及同频色（丰富层次感、一种或多种与主色相似且接近的颜色）。商业插画设计中配色方案可参考十二宫格色彩理论，统一画面色彩，寻找色彩之间的平衡感。

色调通过明度和纯度来分类。在描绘氛围和心情时，利用同一类型的颜色，将有益于刻画出所思所想的世界。在选择配色时，色调是一个至关重要的因素。十二宫格色彩的划分及各自特征和特点如图3-27、表3-6所示。

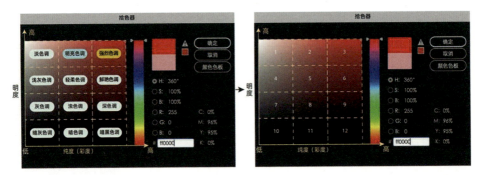

图 3-27　十二宫格色彩的划分

表3-6　十二宫格色彩的各自特征及特点

序号	色调	特征	特点
1	淡色调	薄	高明度、低纯度，给人以轻松、清淡、柔弱、温柔、可爱的感觉
2	明亮色调	明亮	高明度、中纯度，给人以健康、朝气、华丽的感觉
3	强烈色调	强烈	高明度、高纯度，给人以浓厚、动感、热情的感觉
4	浅灰色调	灰亮	高明度、低纯度，给人以沉着、素雅、老实的感觉
5	轻柔色调	柔软	高明度、中纯度，给人以柔和、沉稳、朦胧的感觉
6	鲜艳色调	鲜艳	中明度、高纯度，给人以华丽、明快、充满稳定的感觉
7	灰色调	略带灰色	中明度、低纯度，给人以浑浊、朴素、时尚的感觉
8	浊色调	晦暗	中明度、中纯度，给人以阴暗、浑浊的感觉
9	深色调	强烈	低明度、高纯度，给人以充实、传统、日式的感觉
10	暗灰色调	暗灰色	低明度、低纯度，给人以阴郁、沉重、顽固的感觉
11	暗色调	暗色	低明度、中纯度，给人以成熟、坚固、老练的感觉
12	暗深色调	黑暗	低明度、高纯度，给人以黑暗、浓郁、浑厚的感觉

三、光影

不同的光影能够产生不同的画面氛围，光影是增强画面故事感的关键。光的出现可以画龙点睛，让画面更丰富多彩。如图 3-28 所示，左图的光影给画面增加一丝忧郁、灰暗，中间图的插画光影明显是慵懒的下午时光。同时，光有时候能起到突出视觉中心或强调视觉中心的作用，右图中，中心位置的一束光，突出中心位的人物，引导观者视线。

图 3-28　插画设计中的光影（插画师 Djamila Knopf）

1. 光的种类

（1）户外光源——太阳光 / 蓝天光 / 物体反射光 / 阴天 / 窗光

如图 3-29 所示，阳光直射下的物体因为有了遮挡会出现较强的明暗关系，同时物体表现也会出现冷暖变化。包括物体的亮面和暗面对比、物体较为明显的明暗交界线、物体的冷暖对比、环境色的影响。

（2）室内人造光源——烛光 / 火光 / 白炽灯 / 荧光灯

室内人造光源通常有自己的出发点，聚焦性强，带有一定的氛围感，会使整个画面带有一定的紧张气氛。室内人造光源通常为橙黄色，以暖色为主，如图 3-30 所示，人物脸部轮廓显得明亮且带有柔和的边缘。光源较弱，物体远离光影会逐渐减弱，且暗部较黑。

图 3-29　户外光源（插画师 PS 孝康）　　　图 3-30　室内人造光源（插画师 Hanaa Medhat）

表现室内人造光源需注意以下几点。

①亮度：影响亮度的因素有灯具的类型、物体的材质、物体与光源的距离、主次光影分布等。

②软硬度：取决于光芒的大小，硬光从一个小点发出，如太阳、聚光灯；软光的发光面积广。

③色偏：白炽灯为橙黄色，蓝色倾向较弱，日光灯偏黄绿色。

（3）电子光源/荧光

如图3-31所示，画面整体以赛博朋克的风格呈现，光源主要采用电子霓虹灯，呈现出未来科技感的效果。

（4）生物光源——萤火虫/水母/昆虫等

如图3-32所示，画面中的光源采用萤火虫的生物光，绿色、黄色呈现出生态、暖色系的温馨场景。

图3-31　电子光源（高森孟绘制）

图3-32　生物光源（插画师鬼画胡子）

2. 光的变化

如图3-33所示，第一张图呈现的是阴天的效果，无任何的装饰性；第二张图，呈现出多云的天气，一种自然舒服的状态；第三张图，是来自海底的光，加入光的插画氛围很梦幻；第四张图，下午的光，烘托温馨浪漫的氛围；第五张图，夕阳的光，营造的是唯美的感觉；第六张图，插画整体采用室内光加生物光，增加画面的细腻程度。

图 3-33 光的变化（插画师 Maisherly）

四、营造画面张力感

营造画面的张力感，可以从以下五个方面调整画面，包括静止的运动、倾斜的动态、图形的变形、图形的透视、频闪的运动。

1. 静止的运动

（1）原理

视觉动力与物理位移知觉的区别，可以通过静止的物体所暗示的运动来区分。

（2）实现方法

将各种动力合成一个整体，其方法是将一个短暂的动作过程表现成一个定格的姿势。借助这种将力合成的方法，使得那些静止的形象不再是一瞬间的动作，而是超越了时间这一维度，呈现出永恒的视觉动力。如图 3-34 所示，左图是打网球过程中发球的动作，图中展示了手、腿与头部的关系，球即将飞出画面，使整体画面张力达到最大程度。右图中人物的跑步姿势为起跑的定格瞬间，增加了画面的张力。

图 3-34　静止的运动

（左：Anton Fritsler；右：王者荣耀）

2. 倾斜的动态

（1）原理

营造视觉动力在方向上的倾斜感，是表现方向性张力最基本和最高效的手段。

（2）实现方法

尽可能用倾斜的表现形式表达出物体的动感，倾斜会使物体更具备一定的视觉张力。如图3-35所示，画面整体采用对角线的构图方式，倾斜的人物从右上角至左下角，增加了画面的动态张力。

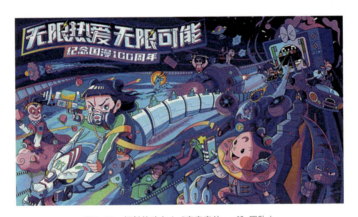

图 3-35　倾斜的动态（"真真真的cool"团队）

3. 图形的变形

（1）原理

张力是变形中派生而来的，所以只有当图形发生严重的偏离时，视觉张力才会出现在画面中，要表现更明显的张力，需要通过那些具有较简单比例的图形压缩或者拉长之后形成。

（2）实现方法

主要以变形和不协调的方式表现空间，以夸张的细长比例表现人物。这样，不仅物体的形状会给人的视觉造成动力感，而且，物体与物体之间的间隔空间也会形成一种动力性趋势。如图3-36所示，插画设计师使用了极低的视角，故意营造出透视的畸变，让人物形象、空间感等都极富张力。

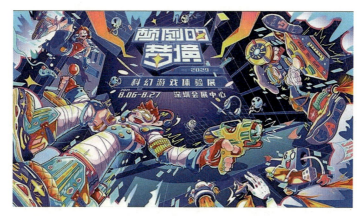

图3-36　图形的变形（Blue Labo 工作室）

4. 图形的透视

（1）原理

只有视觉动力与整体构图存在一致性时，画面的形状、颜色和运动等要素内部存在的视觉动力才会表现出来。

（2）实现方法

人们常常会忽略"部分"与整体构图之间的关系，才会导致画面无动力秩序。这里的构图方式要充分联系透视法中的一点透视、两点透视、三点透视。在构思构图时，可以强调并强化透视的张力感，更加明晰地呈现出透视塑造出的图形空间感受（图3-37）。

5. 频闪的运动

（1）原理

在整个视觉场中，各个视觉对象的基本样子和基本功能大体一致，但是他们具备的某些知觉特征不同。在适当的情况下,将这些视觉对象合成到有关联的或同一背景下,就能制造出一种同时性的运动效果。

(2)实现方法

可以通过人物形象的叠加或人物形象中各个部分的叠加来表现一个动作发生连续变化的过程(图3-38)。

观者在观看一个视觉形象时,仅凭以往的经验有时不能产生运动感,因此设计师要注意学会制造运动感,有必要使视觉形象从惯有的水平方向上跳脱出来。画面的运动感除了赋予视觉张力之外,还往往容易让观者共情,将生活经验与感受带入观看过程,使画面视觉更能触动心灵。

图 3-37　图形的透视("粥扭 NIU"团队)

图 3-38　频闪的运动(Blue Labo 工作室)

04 第四章

文创产品的开发流程

第一节　文创产品创意逻辑

一、以用户为中心

1. 从内容到产品

文创产品开发既需要看重社会效益，也需要重视经济效益，两者缺一不可。从文化消费的角度来讲，这两个方面也是融合的。文创商品要想卖得好，就必须满足消费者的需求，高度重视用户体验。随着对体验经济的广泛认知，如今大家都在强调以用户为中心，并将这一观点努力贯彻于产品设计、业务推动的方方面面。以用户为中心的设计即User-centered design，简称UCD，是一种设计方法，最开始源于但不局限于互联网行业的界面设计或UI设计等。UCD设计的核心思想非常简单：在开发产品的每一个环节，都会把用户列入思考范围。通常会关注产品可用性、用户特征、使用场景、用户任务和用户流程等方面。

将UCD运用于文创产品设计的时候，会遇到一个典型的问题——文化在哪里呢？事实上"以用户为中心"比较容易被误解为"只是以用户为中心"。这两者有着本质的不同。以文博文创产品为例，最受消费者欢迎的往往是对馆方"镇馆之宝"文物进行创意转化的文创产品。满足消费者需求的基石是产品背后的文化内容。设计的本质就是探寻对各项内容的优质组合与匹配。以用户为中心不只是营销，更包括渠道设计、产品设计、内容运营、市场传播等多个环节。如图4-1所示，将UCD引入文创产品的创意设计，可以分为"内容—产品—渠道—传播"四个维度。横向偏向于文创的营销路径；纵向则偏向于制造路径。"内容—用户—产品"这一最直接的纵向路径成为如"CPU"一般的核心存在。

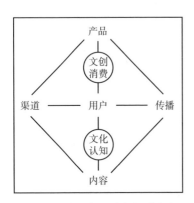

图4-1　文创设计以用户为中心的方法

2. 用户参与的最优解

像手势解锁密码一般，UCD 导向下的创意方法就是探寻用户参与最优解的思考和新品开发各资源的优化配置。譬如，若从渠道直接到产品，就是单纯的"卖货"。这样的路径是简单的直线条，变化为"渠道—用户—产品"则可成为针对什么样的用户来达成卖文创商品的目的。在这个路径下，就会产生对用户细分、用户黏性等的思考。正如前述所说，文创产品设计的核心在于文化，将文化内容作为基石也是文创设计的初心所在，因此就有了"内容—用户—渠道—产品"的思考路径。着眼于文化内容能被用户认知理解，采用恰当的渠道（含场景）去销售产品。渠道大致有三大类，线下、线上和新零售业态。而将不同渠道纳入产品开发的考量将对设计产生非常大的影响，既涉及文化体验的方式，又涉及商业分层因素等现实问题。

值得一提的是，在文创产品设计阶段往往容易忽略的是传播的能动性。文创产品自身就是一种文化传播的载体形式。来自全国各地的游客购买了文创商品，带回自己的家，在使用、赠礼、分享等过程中自然就传播了相应的文化知识。进入移动互联网时代后，融媒体快速发展，整个传播的底层逻辑都发生了重大变化，KOL（关键意见领袖）、UGC 等文化内容生产和传播的模式产生了巨大影响力。以传播为抓手，产品的销售将呈现出完全不同的量级。如图 4-2，甘肃省博物馆的"铜奔马"（"马踏飞燕"）玩偶在当下异常火爆，这个出圈的"绿奔马"，被大众冠以"丑萌"的名号。可以说微妙地平衡了"审丑"与"萌"。但真正引发热度的却是源自传播链的各种媒介，各种营销套路深谙流量密码。从积极角度来讲，让博物馆里的文物"活起来"，以更具亲和力、更接地气的传播方式让更多新一代年轻人了解中华传统文化；但也需要反

图 4-2 甘肃省博物馆"丑萌"出圈的"铜奔马"玩偶

思，过度追求传播力是否也会对用户认知文化形成障碍，这种盲从式消费并非文化消费应该有的面貌。挥霍了年轻人对优秀传统文化的敬畏或珍视，闹剧围观式传播热度之后是否会陷入阒静异常的境地。

3. 用户细分

一款产品不要试图得到所有用户的喜欢，因为用户的需求或偏好很不一样。可以将不同的用户需求划分成几个可管理的部分，通过用户细分（User segmentation）来完成，即将用户分成更小的群组。从营销的角度通常是依据人口统计学的标准来划分用户，诸如性别、年龄、教育水平、婚姻状况、收入等。但从设计的角度，人口统计特征并不是了解用户的唯一方法。用各种调研方法了解到用户特征之后，会用到另一种方法把这些信息表达出来，这就是用户画像。用户画像的类型一共两种，一种是persona（通常译为用户画像），是基于产品场景，通过定性的方式产出的目标用户画像，一般是用在产品的前期；另一种是profile（通常译为用户档案），是基于用户行为数据，通过定量的方式产出目标用户画像，一般用在已经上线的产品中。文创产品设计开发过程中的用户研究往往是前者，也就是Persona。这里的用户角色不是单独的个体，而是基于我们观察到的那些真实人群的行为和动机。Persona一般会描述：基本信息、使用工具、使用场景、目标、痛点、行为、态度。这些信息能够帮助后续设计师决策，让设计师和用户建立同理心，设计出更好的方案。在构建Persona过程中，需要注意对消费心态档案（psychographic profile）的描述，它主要是用以呈现用户对这个世界尤其是与产品相关的某个事物的观点和看法。通过消费心态档案来揭示用户的需求，能得到很多无法从人口统计特征中获取的新见解。

二、文化体验要素

一方面体验经济已经深度渗透到各行各业，而文旅行业具有非常典型的体验消费特色；另一方面，在移动互联网行业发展背景下，体验思维成为设计师必须具有的基本理念。因此，结合文创产品设计的实际，探寻体验导向下的文化视角，即从广义的用户体验聚焦到文化体验也成为文创设计师应该具有的设计理念，而文化体验设计与文创产品设计可以形成思想策略和流程方法方面的融合。美国学者Jesse James Garrett提出的用户体验要素模型，已经成为全世界网站和交互设计师工作时的重要参考，并定义了关键的实践准则。用户体验要素模型成为协助体验设计判断的经典模型。对于功能型产品来讲，研发目标主要关注的是任务；信息型产品则是信息；文创产品首要关注的是前面提到的内容，即文化内涵或文化资源。将用户体验要素模型运用于文创开发，引入文化型产品并与之形成要点结合。

面对具体文创项目的文化体验要素分析与设计实践，以笔者的文创团队针对成都金沙遗址博物馆（简称"金沙博物馆"）的祈福文化进行的文创产品开发为例进行探讨。将体验要素模型作为框架基础（图4-3），可以比较清晰地梳理金沙博物馆的祈福文化元素并将其纳入旅游过程，进行更合理的全局性设计思考。古蜀社会发达的原始信仰发展出一系列复杂的祭祀仪式，透过这些仪式活动的物化遗留可窥探古蜀人的精神世界。自从发现金沙遗址的祭祀坑以来，古蜀文明被笼罩了一道神秘光环，以太阳神鸟金饰（图4-4）为代表的精美金器，反映了古蜀人对太阳的崇拜，也是古蜀人祭日迎日活动的具体体现。金沙博物馆打造"金沙太阳节"的背后实则是对独特文化基因的解读，也是充分挖掘古蜀文明的当代价值，借鉴欧美流行的嘉年华概念，以阳光、和谐、希望和新春祈福为主题，同时纳入各种演艺和游玩互动的节事活动。因此，金沙博物馆连续多年打造的"金沙太阳节"，将祈福文化注入古蜀文化基因，与城市文化形象、地域民俗文化相结合，形成了"金沙祈福"的文化体验亮点和节事品

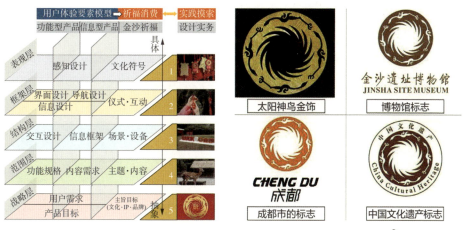

图4-3 "金沙祈福"文化体验要素模型　　　　图4-4 太阳神鸟金饰❶

---

❶ 太阳神鸟金饰不仅是金沙遗址博物馆的"镇馆之宝"，还成为最具代表性的古蜀文明IP形象、博物馆的馆标、成都市的市标。2005年8月，太阳神鸟金饰图案还被选为"中国文化遗产标志"。以它作为中国文化遗产的标志体现了中华民族传统文化强烈的凝聚力和向心力，表现了中华民族自强不息、昂扬向上的精神风貌。

牌，在着力丰富产品供给的同时提振了文化消费的体验品质，丰富了文化底蕴。

（1）战略层：祈福品牌

祈福文创产品的创新路径可以从博物馆发展的战略层高度进行思考，从祈福文创发展为博物馆的祈福类文博IP，进而再构建出以祈福文化为内核的文化体验基石。祈福文化的广泛接受度和参与性又可以为博物馆品牌注入多元活力，通过举办与民众息息相关的祈福民俗活动促进博物馆无形文化的活态传承，助力博物馆事业的可持续发展。

（2）范围层：祈福主题

文化体验战略层的落实，需要由规划层向执行层扎实推进，促使设计实务逐一落地。体验要素模型中的范围层首先需要明晰体验设计目标，即将"金沙太阳节"上的祈福文化向日常旅游消费活动转变，实现祈福文化的消费化、常态化和特色化。祈福主题也不应囿于文化认知层面，它需要充分与旅游产业链消费要素进行嫁接。一方面，祈福主题增加了旅游过程中的文化内涵和更多元的消费体验；另一方面，旅游产业链的介入可以让祈福文化得以更广泛地宣传，使游客以消费的形式更深入地参与。

（3）结构层：场景营造

在结构层探讨祈福文化体验，已属于在执行层实施具体的设计。祈福主题需要进一步夯实节事活动场景搭建基础，创新场景供给的方式。和"金沙太阳节"一样，"金沙祈福"活动同样可以纳入节事设计（events design）搭建体验架构。节事中的所有体验不是某种简单的活动，抑或置于某些单一的场景，它应是一个复杂系统的组成部分。体验事实上是活动的许多组成部分和场合的一种组合，这些组合应该被有意识地用于设计创造节事及打造其环境。

（4）框架层：仪式互动

祈福活动往往具有一定的程序和场面、动作，是颇具仪式感的情感外化过程。而融合于旅游消费过程的仪式性则需要给以适当简化，区别于民间传统祈福仪式中规训的严肃感。一方面鼓励游客参与互动完成祈福活动，另一方面形成个人愿望的表达，完成移情置入。尤其是基于消费动机的祈福往往有一定的功利心态，整个祈福活动应在一开始将仪式感塑造和互动参与纳入流程设计中。

（5）表现层：文化符号

祈福文化通过祈福文创产品面向终端游客和消费者的时候，最直接的体验触达必须借助于表现层相应的符号体系。祈福文创产品是对这些文化符号的产品转化应用。而博物馆祈福文化符号的设计供给一方面充分考虑传统习俗和大众群体对祈福文化的解读，另一方面设计过程又需要对接文创产品开发创新路径。我国传统民俗文化的一个突出特征在于借助谐音生发语言意象，经由符号的过渡，形成物化的象征，民间"祈福"文化采用语音借代的方式，具有约定俗成的性质。也可以从造型符号、纹饰符号、材质语义、色彩寓意等四个具体的触点对祈福文化符号进行创意的视觉表现。

三、创意切入点

1. 设计驱动

立足于文创产品的商业性设计，尤其是产品开发周期紧迫的时候，在创意阶段往往无法详尽地剖析用户特征。但这种情形下，并不意味着可以不思考目标用户群的问题。前述的以用户为中心的用户体验观，应该全面融合到每个开发层面，但要注意用户体验要素特征的介入深度不尽相同。定制性文创产品设计开发，经常会遇到委托方完全以自己的想法来下达一些设计要求。设计师或团队应该从体验思维的角度去沟通，这个思维是双向的，一是站在委托方利益立场上去陈述利弊，阐释为什么这样的设计要求有问题；二是站在产品用户的角度上思考体验的问题，分析用户和产品之间的关系，帮助委托方用同理心去思考这样的设计要求的合理性。文创产品的用户群大致有C端（终端消费用户）和B端（商业用户），而委托方则往往还有G端类型（各类政府机构），具体的情况需要具体分析，但无论哪种类型，都需要秉持用户体验思维。若把设计理解为开发过程的一环，它对文创产品可以产生主动性影响，可以形成体验驱动，即不能否认或忽略设计的主动介入。文创产品设计和一般产品设计不同的是，设计切入点的驱动力不同。譬如，功能之于文创产品而言，其影响力往往趋弱。

（1）官能：视觉驱动

为什么当下许多文创产品依然是"贴图"式的设计？并且，消费者并不排斥这样的设计类型。一方面，"贴"的纹饰或图案本身有着相应的设计功能，诸如前述的插画类的创作、IP形象的塑造。这种情况下，产品固有属性并不那么重要。另一方面，视觉是人类最为重要的官能通道。着眼于创造视觉冲击或视觉吸引力的设计，赋予对文化资源呈现的新形式，是文化创意的目标之一。既然目标契合，那么设计驱动力就成立。

(2)产品:形式驱动

如果说视觉驱动本身就属于文化IP的影响表征的话,那么形式驱动则属于产品属性的影响。这里的产品形式是包括了形态形状、材料质地、纹饰肌理、使用操作等方面。有点类似于探讨产品设计中形式与功能的关系,但与形式和功能之间的辩证关系不同的是,文创产品设计需要更关注形式服务于文化,即如何调用形式的各种设计点去转译文化对象。譬如文博文创产品,产品如何能简单直观地抑或巧妙新颖地与文物形成关联,这种联结性就可以成为设计驱动力。许多情形下,哪怕这种设计转译非常直白甚至是苍白,消费者也愿意为这种关系联结买单。这里面有文化对用户情感的影响因素。

(3)消费:场景驱动

文创产品的消费往往具有比较明显的冲动性,它不属于刚需性消费。如何更容易引起这种消费冲动往往依靠文化的触动与情感共鸣,又或是单纯的视觉、形式能引发其兴趣。文创产品设计开发不能完全只是思考产品本身,诸如产品的售卖环境、展示手段、宣传方式等方面都成为文创设计应该关注的内容,即围绕产品本体的场景。这里的场景不仅仅是狭义理解的线下的环境,还包括了线上的场景,如广告图(Banner)、导航、图标(icon)等;新零售的场景,如设备、动线、交互等。近来多有倡导提振的夜间经济也属于比较典型的消费场景。

2. 创新取向

文创产品设计开发项目实际执行过程中,必须根据成本限制来考虑创新的程度问题。一是创新度与受消费者欢迎的销售情况并不一定呈正相关性,即创新度高并不意味着一定会受到消费者认可;二是在许多情况下,高创新度往往需要较大的直接成本投入,成本高则终端售价高,也会抑制消费;三是创新程度越高,研发周期也越长,需要考虑文创产品上新时间的节点问题。注意"时移势易",完成开发和生产过程之后,及时了解产品上架时的竞争形势与热度情况。比如,影视类IP的文创产品开发环节是需要前置的,影视作品让观众与剧情共情,可通过影视热度引流促销售。一旦错过窗口期,周边文创产品的关注度将大幅下跌。无论再简单的文创设计,都可以从直接成本角度来分析设定创新程度,以及创意发挥的空间。所谓商业设计是"戴着镣铐跳舞",很显然,成本是典型的"镣铐"之一。

（1）高度原创

工业设计类的文创产品大多原创度较高，需要经历模具开模制造的过程。最常见的情况是对产品整体的造型与形态进行全新设计，即相对于平面设计类文创而言的"立体化"塑造。而设计打样阶段与批量生产阶段的模具又不尽相同。此外，这类专门定制生产的产品对起订数量有着较高的要求。起订量与制造成本呈相反的关系，需要找到一个合理的平衡点。

（2）局部创新

局部创新，根据创新程度而言有时又称为微创新。即在现有的产品基础上，进行局部的改造与再设计。一方面有效地顾及研发成本的限制问题，另一方面也能发挥一定的创意价值。譬如一个马克杯，杯子的本身不改变，针对杯柄部分进行重新设计。而杯柄的造型依然需要重新开模。局部创新需要注意的是，改造的产品部分与整体不要形成明显的违和感即生硬结合感。

（3）图案创新

文物的纹饰大多是经典的文化元素，或创新后的IP形象，都可以作为重要的文化符号进行呈现。因此，图案形象设计，是文创产品设计比较独特的一大类型。尤其是对于一些衍生周边产品来讲，图案应用于恰当的产品载体上，依然不失为成功的开发。如图4-5所示，以独立插画师设计的一个名叫"cocomero"的小象为主题，开发了诸如搪瓷杯、明信片、布袋等周边文创产品。

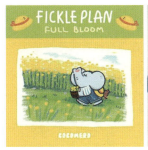

图4-5 cocomero小象的周边文创产品（插画师LQ_OM）

第二节 全链路的流程思维

一、文创产品设计开发流程

在设计的垂直领域，都有着该类设计的一般性流程。如图4-6所示，终端消费类的工业产品设计开发的完整流程不仅仅有工业设计板块，还有结构设计、生产制造，乃至后端的品牌推广等属于营销板块的部分。这个过程显然是比较复杂而冗长的，所涉环节较多。真正面向实务的文创产品设计开发实践，就必须具备"设计+开发"的流程思维，不能只有创意设计而忽略促使其生产落地的要素条件。

根据目前在文创产品开发实务中遇到的日常项目情况，再结合产品的开发链长短与复杂程度，可以大致分为两大常见类型：插画与IP形象类文创周边产品、工业设计原创开发类文创产品，这两者在流程上的主要区别在于制造环节的不同，笔者根据文创产品设计开发的实战经验，总结了其开发流程，参见图4-7。

1. 插画与IP形象类文创周边产品

插画或IP形象的设计环节相对是比较独立的环节，作为阐述开发流程的起点。以委托开发项目为例，"用户需求分析"中的用户包含了两个角度。一是委托方即项目甲方，应该尽可能地及时了解甲方委托本次文创开发的直接目的，有无相关的偏好或倾向。在这个环节中充分沟通，透彻理解对方的诉求，才能避免在设计提案中走太多弯路。二是文创产品的使用者。从本质上来讲，文创产品设计定位的目标用户应该是该文创产品设定的消费者或使用者，诸如他们的审美喜好等应该被充分考虑。但是，在实际项目执行过程中，委托方的意见也应该被充分顾及。当这两者不匹配的时候，设计团队面对这种情况，应该尝试阐明理由，去调和需求的矛盾。

文创周边产品不会涉及太多产品载体自身的开发环节，因此比较重要的环节之一在于选品。一是所选择的产品的新颖度及其质量至关重要。选品过程其实也需要与委托方保持紧密沟通，了解其对选品的认可度。二是所选择的产品的成本问题。一方面成本与起订量成反比关系；另一方面也需要有比价的过程，寻找平衡成本和质量之间

第四章 文创产品的开发流程 | 111

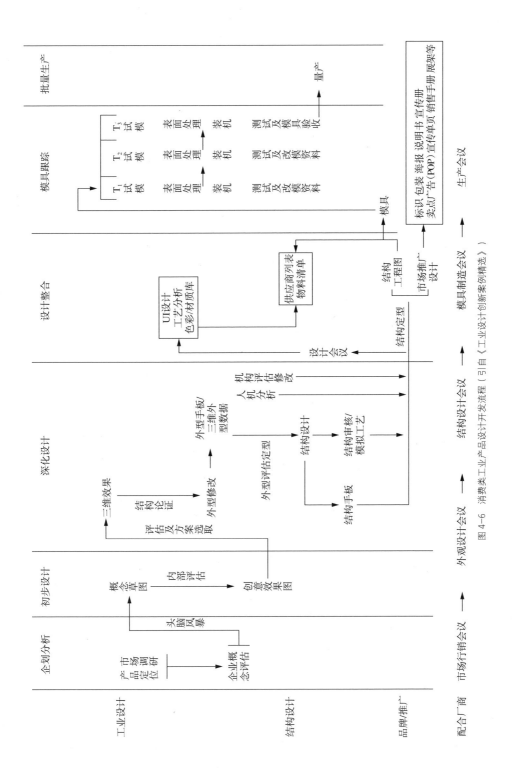

图 4-6 消费类工业产品设计开发流程（引自《工业设计创新案例精选》）

112 | 文创产品设计开发与实践

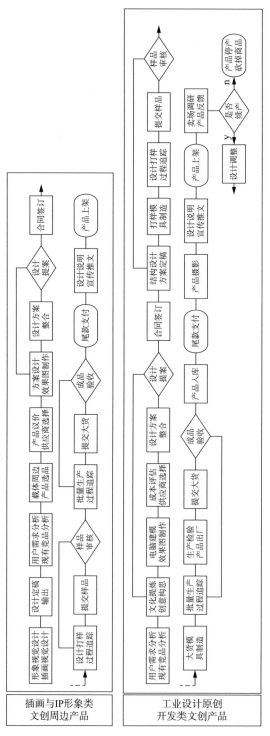

图 4-7 文创产品的设计开发流程图

的最佳选择。三是所选择的类型对原创插画或IP形象能够起到较好的彰显与宣传作用，利于对其文化内涵的宣传。图4-7中的"合同签订"是指设计方与产品供应商之间的合同，并非本项目的设计服务合同。一般说来，设计服务合同的签订应该是在呈现具体创意设计方案之前。当然，这也不是固定的节点，具体还是应该看甲乙双方彼此之间的信任关系或沟通磨合情况。

2. 工业设计原创开发类文创产品

对比插画与IP形象类文创周边产品的开发流程可以看到，工业设计原创开发类文创产品的开发流程要复杂许多。和定制采购的文创产品不同，自己开发的原创产品需要对销售情况负责，因此前期的用户需求分析和现有竞品分析比较重要。要使用多种研究方法去挖掘需求，提出设计方向。只有开发方向正确，满足终端消费者所需，才会避免最后产品卖不动的风险。因此，与用户需求相关的调研成为本流程阐释的一个起点。

工业设计类的文创产品比较大的成本支出在于研发过程中的模具成本。一般说来，模具又分为打样阶段的模具和批量生产大货的模具。"大货"是行业内对批量生产成品的俗称。有的产品，其大货生产模具的成本是打样模具的几倍，该巨大的成本差异或由于模具套数不同，或是制造工艺不同。整个前期与授权方的沟通至关重要，在打样之后若无明显的问题或原则性问题，一般不对设计方案进行较大修改。否则，一旦修改涉及打样模具要重做，整个开发的成本将急剧攀升。在充分沟通和及时沟通的基础上，尽量保证样品审核后的修改不涉及模具环节。模具环节是工业设计类文创产品区别于一般平面设计类文创产品成本支出之所在。

此外，无论是哪个类型，文创产品设计开发除了产品自身，产品的包装也基本是与产品同步推进的。并且，在批量生产阶段，产品包装成本是不可忽略的一环。在进入大货生产阶段后，设计方应该对品控进行相应的监督。成品因不合格而返工，对任何一方来讲都是巨大损失。除了产品生产的直接成本，还包括市场竞争带来的时间机遇成本，一旦丧失商业先机损失更是无法估量。与定制性采购开发不同的是，工业设计原创开发类文创产品还有其他诸多环节，诸如产品摄影、文创产品线下售卖点位上新的展示设计、海报设计、线上店的Banner设计等。这些环节对文创开发团队提出了更多的设计要求。

由此可见，全链路的文创开发流程绝不仅仅是产品设计的一个领域，它囊括了插画设计、标志设计、包装设计、展示设计、UI设计等，乃至产品品控、商业摄影、运营推文写作等方方面面。设计不是片面地盯紧某一个环节，而是各个环节都彼此联结而相互影响——真实的文创产品设计开发过程是一个产业链的面貌。

二、为了落地执行的创意设计

1. 避免纸上谈兵

真正的文创设计开发实践不只是做个设计效果图，不是"PPT式"的提案，更不是故弄玄虚地卖弄一些学术词语或侃侃而谈强调形而上。面向设计开发的文创实践不是纸上谈兵，不能像参加文创竞赛那样，也不是制作个模型手板就结束了。

近年来，多地政府、文旅局或各文化机构纷纷举办各类各级的文创设计大赛，但诸多关于难以落地、产品产出少、难以与市场接轨等质疑的声音随之而来。绝大部分的文创设计竞赛具有文化宣传和文化传播的目的，但这些宣传追求热度，与开发实务本身就不在同一频道上。更有甚者，误把文创设计竞赛等同于设计开发实践。获奖的文创设计方案常常脱离生产实际，完全不顾成本，只是天马行空般的创意，难以转化为实际的文创商品，自然就不足为怪了。竞赛与开发的任务目标、设计逻辑等方面本就非常不同，只是在个别方案上或有交集。把此少数交集部分当作全部的设计，也是另一种形式的夸夸其谈。文创设计大赛的本质倾向于文化宣传而不是设计开发。

树立避免纸上谈兵的文创产品开发观，要着眼于四个方面。①生产观，必须将制造环节、供应链深深扎根于文创开发链上游的设计环节乃至全流程。②需求观，必须将用户需求与设计开发紧密结合，将用户体验作为重要的设计导向。③商品观，以文创商品上架为执行目标，面向全国各地游客推出新设计、新商品，实现创意的转化。④销售观，好的文创产品设计不仅仅是对文化资源的创新性转化，还应获得广大消费者的认可，取得可观的销售成绩。尤其是与定制性文创开发不同的是，面向终端消费者即所谓的To C端的设计开发应从激烈的市场竞争中探求销售回报。因此，全链路的文创设计开发，合格的设计师团队要敢于"真刀真枪"地进行商品销售竞争。作为一位文创设计师，若没有执行过生产落地对接，没有面向市场推出过一款文创商品，设计的文创产品也不能让消费者自愿积极购买，又如何谈及实践？

因此，树立避免纸上谈兵的文创开发观非常有必要，力求避免沉浸于拿着文化当幌子，拿着创意当旗帜的自我满足、陶醉或自娱自乐式想象中。文创设计开发从来不应该是停留于设计师满足自己的创想——它一定是要讲究投入成本与回报效益的，无论是经济效益还是社会效益。

2. 重视视觉阐述

创意设计奔着文创产品落地而展开，在开发实践中要高度重视执行环节的视觉阐述问题。根据文创开发的实操经验，这里的"视觉阐述"其实包含了三个方面。①传述性。文创设计对文化脉络的转译、呈现和视觉化阐发是否清晰、是否能尽量做到深入浅出。再高深的文化知识，都应是可识、可感、可知的，应该避免曲高和寡、孤芳自赏。文创产品的功用之一就承担着文化传播与提高人们的认知的使命。②阐述性。除了前述的方案视觉传达，在实际提案过程中，设计团队或负责人对设计理念、设计方式等的阐释陈述也非常重要，一方面可以让设计工作少走弯路，另一方面是对视觉内容和创意思路的必要沟通。尤其是对委托方进行提案过程中，好的阐述沟通能做到有效、高效，不仅仅是对创意设计本身展示陈述清晰，而且能及时释疑，增强对方案的认可度。这一点，对于设计师而言往往是挑战，需要在项目实战中逐步提升这部分的能力。提高设计表述与阐述力，毫无疑问对推动项目进度、推进设计落地有诸多裨益。③视觉效果。提案的视觉效果首先要与文化内涵的调性达成一致，包括文化符号的运用、照片资料的选用；其次是与设计阐述能形成对应关系，辅助促进对设计方案的理解；再次是追求视觉阐述的逻辑性与风格化达到平衡。最后，所有的视觉阐述需要做到随机应变，包括沟通过程里对提问的及时回答，以及对视觉内容的拓展、修改和反馈。

不会设计阐发的文创设计师往往不能被称为成熟的设计师，也不算是全链路的设计师。文化创意不能仅仅存在于思考中，也应清楚高效地表达出来，能形成互动与沟通。让这些创意点能被人抓取、能感知到，还能被认可，这样才能真正地推进设计进度，促使创意成功落地从而产生效益。

三、文创产品的生命周期

1. 产品生命周期

产品生命周期（Product life cycle，PLC）是指产品从准备进入市场开始到被淘汰退出市场为止的全部过程，是由需求与技术的生产周期所决定。它是产品或商品在市场运动中的经济寿命,即在市场流通过程中,由于消费者的需求变化以及影响市场的其他因素所造成的商品由盛转衰的周期。消费者的需求变化主要是由消费者的消费方式、消费水平、消费结构和消费心理的变化所决定的。产品生命周期一般分为导入(进入)期、成长期、成熟期(饱和期)、衰退(衰落)期等多个阶段(图4-8)。

①导入期:指产品从设计投产直到投入市场进入测试阶段。

②成长期:当产品经过导入期,销售取得成功之后,便进入了成长期。该阶段各项指标增加明显且快速。

③成熟期:指产品被大批量生产并稳定地进入市场并销售,经过成长期之后,随着购买产品的人数增多,市场需求趋于饱和。

④衰退期:指产品销售、利润等各项指标下滑非常明显,开始进入了淘汰阶段,直至全面停产。

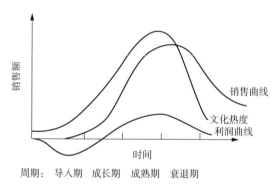

图 4-8　产品生命周期示意图

在产品生命周期的不同阶段,产品的销售量、利润、购买者、竞争者等都有不的特征。一般的情况参见表4-1。

表4-1　不同阶段产品生命周期的特征

项目	导入期	成长期	成熟期		衰退期
			前期	后期	
销售量	低	快速增长	继续增长	增速放缓	下降
利润	微小或为负	大	高峰	逐渐下降	低或为负
购买者	爱好/新奇者	较多	大众	减少趋势	后随者
竞争者	甚微或无	兴起	增加	较多	减少

上架面市的文创产品同样遵循前述的商品生命周期规律，而在此基础上，还有着文创类产品的显著特点。

①设计越复杂，开发周期越长。由于文创产品开发非常重视创意设计水平的提升，因此在导入期前更为强调开发的过程。并且由于不断上新的需求存在，开发期形成较高频次的产品更新，以及同系列产品自身的版本迭代，可以形成"1+N"，即在原始的第一个原创设计基础上，不断更新衍生出N个系列或版次。当产品设计越复杂，所需的供应环节越多，开发周期就越长，这也自然会使得该产品的开发成本增加。

②销量依赖文化热度。文创产品开发非常重视对文化资源的转化，商品销售得好坏依赖于其背后文化的热度。某个文化主题或某个文物元素，跟随传播的发酵而热度暴增，随之而来的是对应文创产品的热销。这个热销一般稍微滞后于文化热度，此外，热度赋予的销量也自然是"来得快也去得快"，热度下降时销量呈断崖式下跌。因此，这也要求设计开发团队对文化事件或传播热点要有敏感度，及时开发出相应的文创产品并迅速上架，收获一波热度收益。

③长青化。与热度产品相反的是，个别经典的文创产品的生命周期非常长，当过了成熟期后，其衰减趋势非常缓慢甚至出现停滞的情况，虽然销量不大，却能维持在一定的水平持续非常长的时间。与热度产品对比可谓"冷门"。这些经典文创产品，也没有太多的版本更新，却一直有着相应的消费需求，在相对较低的单月销售额位置保持着"长青"式存在。但这种"坚挺"般存在的冷门，产品销售总量不能被忽略。这一特征就涉及"长尾理论"。

2. 长尾理论

长尾（The Long Tail）这一概念是由美国《连线》杂志主编Chris Anderson在2004年10月的《长尾》一文中最早提出，用来描述诸如亚马逊和Netflix之类网站的商业模式和经济模式。过去人们只能关注重要的人或重要的事，如果用正态分布曲线来描绘这些人或事，人们只能关注曲线的"头部"，而将处于曲线"尾部"，需要更多的精力和成本才能关注到的大多数人或事忽略。例如，在销售产品时，厂商关注的是少数几个VIP客户，无暇顾及在人数上居于大多数的普通消费者。而在互联网时代，由于关注的成本大大降低，人们有可能以很低的成本关注正态分布曲线的"尾部"，关注"尾部"产生的总体效益甚至会超过"头部"。

简单地说，所谓"长尾理论"是指，只要产品的存储和流通的渠道足够大，需求不旺或销量不佳的产品所共同占据的市场份额可以和那些少数热销产品所占据的市场份额相匹敌甚至更大，即众多小市场汇聚成可产生与主流相匹敌的市场能量。也就是说，企业的销售量不在于传统需求曲线上那个代表"畅销商品"的头部，而是那条代表"冷门商品"、经常被人遗忘的长尾。举例来说，一家大型书店通常可摆放10万本书，但亚马逊网络书店的图书销售额中，有四分之一来自排名10万以后的书籍。这些"冷门"书籍的销售比例正以高速增长，预估未来可占整个图书市场的一半。这意味着消费者在面对无限的选择时，真正想要的东西和想要取得的渠道都出现了重大的变化，一套崭新的商业模式也跟着崛起。简而言之，"长尾"所涉及的冷门产品涵盖了更多人的需求，当有了需求后，会有更多的人意识到这种需求，从而使冷门不再是冷门。

由此可见，一些针对经典IP开发的文博文创产品经常会具有这种长尾效益。就如同图4-9的黄色尾巴部分。由于产品的创意设计高度契合了文化的代表性，使之在相当长的某段时间内成为经典文创产品。当其文创上新的热度退去之后，产品的单月销售额或利润处于低位，成为相对而言的冷门产品。冷门并非冷寂，产品的消费需求一直存在。所以只要销售周期持续的时间够久，最终的销售总额或利润总额往往会超过一些热度退去而又很快下架的快热型产品。因此，延长单款或单个系列的文创产品的生命周期对于效益的考量有着至关重要的作用。

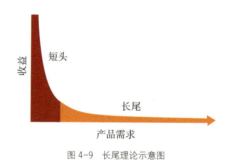

图 4-9　长尾理论示意图

3. 打造必购产品

打造经典型或代表性的文创产品，往往需要依附于文化IP影响力的可持续性。所以，以博物馆的"镇馆之宝"或景区的地标性景点为核心元素进行文创产品开发是最常见也是最有效的路径。这些销售长青化的文创产品往往还可以成为"必购"产品，即产品在某种程度上具有较高的代表性，能成为经典产品，故造访博物馆或景区的消费者大多会考虑购买，成为"到此一游""打卡"的一种实体化的见证与纪念。这是诸多旅游场景中非常常见的游客消费心理。

随着产品上新后的时间推移，一般说来销量会逐步下降。文化热度消退慢，产品销量下降也慢；文化热度消退快，则相应的销量往往会呈断崖式下跌的态势。对于"必购"产品可以采取迭代更新的方式，既实现长青化又能在一段时间内拉升销量，如图4-10所示。同一文化主题或同一版本的文创产品，一是可以改进工艺，引入更新潮或更能彰显文化元素的新工艺新材料，实现质量提升；二是在成本不大增的情况下，可以局部进行优化设计，实现设计版本的迭代；三是还可以对产品包装进行提质换挡，拔高包装的档次感或改变包装形式。哪怕产品自身没有任何的变化，适时地改变包装往往对销售也会起到明显的促进作用。关于这点，在前述的文创产品的设计创新路径上进行了专门强调。而每次迭代更新也需要考虑适合的文创上新时机，能与一些节事庆典、节日或纪念日等进行契合，促进该主题文创产品销量的回升。

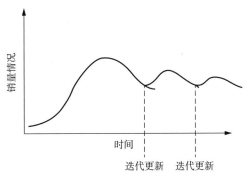

图4-10　产品迭代更新示意图

除了打造"必购"产品以外，还可以摸索"多购"与"复购"的产品。"多购"是指同一款产品，消费者单次消费中购买多个。这种情况往往常见于具有较高性价比的伴手礼性质的文创商品。消费者考虑带回去赠送亲朋好友而一次性购买多个相同的产品。因此这类产品的单价不能太高，且具有馈赠的纪念价值。"复购"是指消费者完成购买之后，愿意再次购买的情况。一般说来，文创产品由于不是刚需型，不太可能具有高频次消费的特征。而复购的情况往往多见于不同的销售渠道，是对"必购"产品、"多购"产品的补充或补偿性购买。譬如，购买了某件文创产品带回去送亲友，由于自己也非常喜欢而决定在线上渠道再次购买。又或在旅游过程中带回了某件食品类的旅游商品，经品尝后特别喜欢该味道，待食用完后再次寻找渠道购买。

第三节　探寻产品体验触点

一、体验设计研究方案

用户体验导向视域下的文创开发为设计过程提供了诸多设计研究与设计转化的方法。这些方法有效地为探寻文化体验触点指明了体验设计创新探索道路，既有定性研究又有定量研究，还覆盖了用户的行为与态度（图4-11）。此外，设计团队也可以根据实际项目需求与限定来选择用户体验设计常规方法矩阵中的方法，从而形成合适的研究方案与创新方法（图4-12）。探寻文创产品体验触点最经常使用也颇为高效的方法有访谈法、观察法，当然销售数据的分析也至关重要。

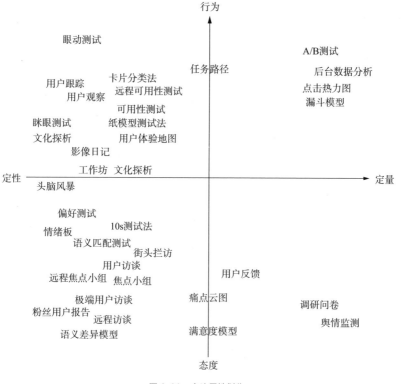

图 4-11　方法属性划分

常规方法	策略	功能	交互	视觉	现有市场	垂直市场	全新市场
A/B测试		✓	✓	✓	✓	✓	✓
产品策略分析	✓				✓	✓	✓
场景建模	✓	✓			✓	✓	✓
点击热力图		✓	✓	✓	✓		
二手资料调研	✓				✓	✓	
工作坊	✓	✓	✓				✓
后台数据分析							
极端用户访谈		✓	✓	✓	✓	✓	
焦点小组	✓						
街头拦访		✓	✓				
竞品分析	✓	✓	✓	✓	✓	✓	✓
卡片分类法		✓	✓		✓	✓	✓
可用性测试		✓	✓		✓	✓	✓
眯眼测试			✓	✓	✓		
偏好测试				✓			
趋势分析	✓				✓	✓	✓
任务路径		✓	✓				
市场分析	✓				✓	✓	✓
思维导图	✓	✓					
调研问卷	✓	✓			✓		
头脑风暴	✓	✓	✓	✓	✓		
文化探析	✓						
影像日记	✓	✓	✓	✓	✓	✓	
用户反馈		✓	✓	✓			
用户访谈		✓	✓		✓		
用户观察		✓	✓		✓		
用户画像	✓	✓			✓		
用户跟踪		✓	✓		✓		
纸模型测试法			✓		✓		
专家评估	✓	✓	✓	✓	✓	✓	✓

图 4-12　用户体验设计常规方法矩阵

研究方案是根据研究目的、项目设计任务与实际条件而对各种方法的恰当组合。因此，组合形式不尽相同，常见的有如下几种。

①探索产品方向：案头调查＋调研问卷＋竞品分析＋人物角色。

②用户行为剖析：实地考察＋用户访谈＋用户体验地图。

③挖掘产品痛点：可用性测试＋竞品分析＋用户反馈访谈。

④数据专项分析：数据分析＋漏斗模型＋A/B测试。

⑤竞品对标走查：可用性测试＋深度访谈＋竞品分析。

对于文创产品设计开发来讲，体验触点抓取的分析需要同时涵盖文化探寻和产品调研，即既有文化属性又有商品属性。设计研究方案同时必须能实现对市场竞品与用户需求的快速反应。根据时间与人力成本的实际考虑，比较优化的组合有"场景观察＋实地拦访＋竞品分析＋数据分析"。前两者立足于"文化体验＋产品体验"的结合，后两者则更加聚焦于市场销售来探寻开发的切入点。

二、场景观察

场景与需求相伴相生，需求从来无法脱离场景存在，而新的需求又会创造出新的场景。一是观察"客观场景"：观察客观真实情况，用户在什么样的场景下产生了需求。可以理解为"场景是用户需求产生的外在条件"，描述了需求是如何产生的；二是设计"目标场景"：设计出新的场景，用户在什么样的场景下满足了需求。将目标场景定义为"需求实现的外在条件"，描述了需求是如何实现的。

观察、收集和理解客观场景是必要的第一步。获取体验触点的对应信息最直接有效的方法，自然是到现场去观察和了解用户。这点至关重要，绝对不是坐在办公室里冥思苦想，或围坐在会议室里进行头脑风暴就能洞悉的。就好比是没有在午休时认真观察过同事们千奇百怪的睡姿，又怎么能设计出受众广泛、体验优秀的午睡枕呢。长期以来，许多设计师对文创需求的了解大多源自总监或老板的意见、从线上渠道搜集的用户评论与反馈，或者干脆就是自己的揣测。这些远远不够，背离了开发实务中的"实际""真实"属性。应该到真实的场景里获取信息、及时洞察，一定会收获颇丰，甚至会有触动，从而改变或强化某些视角的设计。

以开发文博文创产品为例，设计师需要去多个场景做观察分析，去多处不同类型的场景实地观察，更加有的放矢地瞄准用户体验，形成相应的开发思路。

(1) 馆藏展馆

几乎所有的博物馆都有自己的"镇馆之宝"。这里的"宝"更多是从文物价值上去界定的。从商业角度来讲，对大众的文化认知门槛要求过高的文物，相应的开发难度要大许多。观察陈列场馆里被参观者聚集观看的文物，游客们举着相机围在哪些文物前，他们唏嘘赞叹着什么。从观察者的角度分析会发现，并非所有文物价值高的藏品就一定有较高的关注热度。这里往往有一个误区——馆方或委托方往往期望设计团队能对一些冷门的"宝贝"进行文创产品开发。事实上，文创产品的文化宣传、文化传播能动性远远低于文化教育。因此，当该文物没有在大众心中形成认知时，不能期许通过文创产品来实现对相应文化知识的主动性教育。或许有，但这种能动性太弱，不足以促成消费动机。

(2) 销售区域

到博物馆文创商品销售区域实地观察非常必要！这是设计师亲临卖场一线倾听消费者和销售人员心声的重要方法。有条件的情况下，设计师尽量多去卖场里从使用者的角度去审视自己设计的产品，比较一下其他友商的产品。可以着重从下面几点（不限于）认真分析。

①消费者聚集的柜台或区域。这种聚集代表了产品受欢迎的程度，要了解这些产品的品类、共性特征、设计元素等（图4-13）。

②消费者比较产品时的谈论。设计师可以用心地远远地倾听，观察现场消费者在卖场里比较不同产品适合与否的言语。两三游客拿起又放下产品，向朋友推荐或劝退的谈论，是非常好的"发声"——或涉及设计元素、产品色调、产品包装、价格因素等。

③收银台前的队伍。条件允许的情况下，设计师可以在收银台一旁观看整个收银台前的队伍。消费者队伍里，他们手里拿了哪些商品？多个一起买的"多购"情况有哪些？他们彼此对文创议论些什么？了解消费者临时撤离收银队伍或叫朋友放回已经拿在手里的文创商品的原因是什么？

④不同的销售点与不同的售卖台。展区拐角处的文创销售点与博物馆文创销售旗舰店的销售情况往往有着诸多不同，甚至是同一个卖场不同陈列形式的售卖台也不尽相同（图4-14）。同一款文创商品，在这些售卖点有不同销售表现的原因是什么？游客的偏好或消费动机是否会因为场景因素发生改变？

（3）走廊区域与游客服务中心

一些走廊、过道等看似不起眼，甚至是边缘区域若设置了文创销售点位，可以去观察了解这些场所的不同消费表现，以及游客服务中心（图4-15）、游客休息区等休憩场所的消费情况。目前，我国博物馆对文创产品的重视度虽然已经有了明显提升，但依然还有非常大的提升空间。对文创产品的重视尚未与博物馆自身内涵式发展及品牌构建形成深度融合。仅以卖场设置为例，目前尚只是少数博物馆认为文创商店应该是博物馆的"最后一个展厅""参观体验重要一站"，对文创商品的认识高度尚且不够。

图4-13　在博物馆文创旗舰店里进行消费观察

图4-14　文创商品的陈列调研

图4-15　针对文创商品的无人新零售设备

三、实地拦访

实地拦访又称为"街头拦访",是根据项目特点及要求,选择适合的访问地点,拦截符合条件的目标用户,使用结构性问卷进行访问的调查方式。这种方法通常用于产品测试、广告测试、用户意愿调研等。实施实地拦访需要制定相应的拦访计划,包括明确的研究目的、制作问卷或访谈大纲、确定访谈地点与样本数量等。在具体执行前还需准备相应的问卷、信息卡片与小礼物等。拦访过程中需要选择恰当的时间,以保证目标用户时间的充裕;选择恰当的地点,有足够的人流量支撑,并尽量言简意赅地阐明拦访意图,避免询问隐私类话题。

非正式拦访,可以采用直接针对核心问题的攀谈式的访问形式,或与其他研究方法结合的"搭车"访谈。实地拦访突出的正是"实地"二字,即在消费场景或游览场景中,与目标用户进行攀谈,了解其想法与反馈。需要注意的是,实地拦访时不要对正常的经营秩序产生干扰,以及不要对选择的访谈用户产生冒犯。选择目标用户的时候,一般需要事先观测该游客购买的文创产品,初步判断是否属于目标消费群。此外,也要注意拦访的时机,在游客行色匆匆的时候拦访成功概率偏低,可以选择文创门店旁坐在休息椅上歇脚的游客。譬如,若要进行一个针对文创雪糕的拦访,可以物色在休息椅上迫不及待拆封品尝的消费者,在其慢慢品尝雪糕的时候择机阐明访谈意图,询问其意愿后进行相应的拦访工作。

而拦访过程中能了解到多少有用的信息,能否挖掘到消费者心里的真实想法,无论是负面评价还是正面赞许,都比较考验拦访人员的访谈技巧和沟通能力。除了对消费者进行访谈外,还需要对一线销售人员进行访谈,通过他们了解更多的销售反馈。有的时候,对一位有经验且有反馈意愿的现场销售人员进行访谈所能获取的信息甚至会超过几位消费者。

四、竞品与数据分析

1. 竞品分析

(1)选择竞品

竞品分析在实务项目中具有重要作用,是不可或缺的一环。可分三大步骤:首先是挑选确定竞品,然后是根据分析维度展开对竞品的洞察比较分析,最后是制作竞品分析报告，为研发团队提供相应的决策依据。进行竞品分析至少有三大作用：一是充分了解行业发展的竞争情况；二是寻找新的发展机会或者市场切入点；三是了解竞争对手的优势和劣势，发现机会点。而在筛选确定竞品的过程中，则可以用"寻找——划分——挑选"这三步来选出最合适的竞品（图4-16）。

图4-16　竞品挑选的步骤

按照竞争关系对竞品进行分类的话，大致分为三类，即直接关系的竞品（核心竞品与重要竞品）、间接关系的竞品（间接竞品）和其他关系三类（翘楚竞品）。根据其竞争关系与市场细分的情况，又可以把竞品分为以下四类，方便研发团队进行挑选。

①核心竞品：又称为垂直竞品，是指市场目标方向完全一致，用户群体针对性较强，产品核心功能和用户需求高度相似的产品，且在产品直接相关的细分市场上属于第一梯队的竞争对手。

②重要竞品：产品相关细分市场内排名靠前的竞争对手。其竞争关系要弱于核心竞品，但依然属于应该纳入进行比对分析的范围。

③间接竞品：是指在功能需求方面互补的产品，用户群体高度重合，现阶段不是直接市场利益的竞争者，但是有可能成为潜在的竞争关系。

④翘楚竞品：是指没有直接的用户群重合，在市场利益上也不存在竞争关系。但是在产品理念、实现技术、实际层面是翘楚类，具有高水准前瞻性的产品。

在此基础上，再根据项目的实际情况，如时间进度限制、成本投入等，来确定最后需要进行洞察分析的竞品选择范围与对象。一般说来，适当地扩大选择范围，同时控制数量是经常采用的方法。譬如做文创本子的设计，不能仅仅限于本子类产品，便签类、手提袋等均可考虑在内。

（2）比较分析

不同的设计职能或领域对竞品的比较分析的侧重点不同：运营人员更侧重分析产

品战略定位、盈利模式、推广方式等；工业设计师更重视产品定位、产品功能、产品材料等；交互设计师则更注重产品界面、交互流程、层级框架等。那么，聚焦于文创产品设计开发，在竞品的比较分析环节可以从以下几个方面展开。

①价格对比：包括文创产品单价、套组价格，不同销售渠道的价格差异，有无优惠促销等。

②文化元素对比：产品创意设计采用了哪些文化元素及其元素的组合，使用了哪些色调搭配，各类文化元素在整个开发季里的占比情况等。

③产品特性对比：产品功能种类的对比，采用了哪些材料与工艺，产品的目标消费群设定对比等。

④商品包装对比：关注对比产品的包装尺寸，包装的形式与颜色，文创商品的展陈形式等。

⑤趋势分析：针对单一渠道或多个渠道，总结分析文创产品有无季节周期性，产品品类的饱和度，产品的客单价、坪效情况等。

2. 数据分析

研究方法除了定性研究外，还要结合定量分析。在比较成熟的产业链中，设计师必须要对能获取的数据产生敏感性，从数据中找到开发方向和创新路径。譬如根据大部分博物馆文创销售情况来看，门店产品的销售有70%来自冲动性消费购买，而好的陈列至少能提高10%的销售额。这也是前述中强调场景因素的原因所在。

不仅仅是设计开发团队，包括业主方、运营方、委托方等都可以从数据中挖掘到自己需要的信息。譬如文创设计开发如何制定商品的价格体系，才能更加合理地匹配真实的消费情况。以文博文创开发为例，开发利益相关者通常比较关心的一些基本销售数据有以下几点。

①博物馆线下文创商品经济效益参数指标：人均消费金额＝博物馆线下门店总收入÷入馆总人数。

②评价实体商店的参数指标：坪效＝销售额÷商店面积。

③顾客提袋率＝购买人数÷进店人数。

④客单价＝销售额÷购买单数。

⑤产品销售数据曲线与产品生命周期走向关系。

据报道，2021年我国新增备案博物馆395家，备案博物馆总数达6183家，排名全球前列。5605家博物馆实现免费开放，占比达90%以上。2021年全国博物馆举办展览3.6万场，教育活动32.3万场，全国博物馆接待观众7.79亿人次。从实事求是的角度来讲，目前我国大部分的博物馆文创商品的客单价尚未超过100元。而一些经验不足的设计负责人存在着认识误区，谈到文创产品开发，动不动"言必称故宫"。故宫博物院、国家博物馆、敦煌博物馆等以及各省头部博物馆加起来的总数与全国博物馆数量相比实则很少，各种资源情况也大相径庭，需要因势利导、实事求是、脚踏实地地制定相应的文创产品开发策略。

第四节　设计实务中的商务合同

一、设计服务合同

全链路的文创产品开发流程包含了商务洽谈与合同签订事宜。对于成熟的设计师来讲，需要掌握一些基本的合同知识，并能根据实务项目的具体情况与要求来草拟相应的商务合同。在实际的实践中，经常会遇到的情况是，委托方要求乙方草拟出本次文创设计开发服务的项目合同，再交予委托方公司的法务部门或顾问律师审核，待审核或修改通过后双方再进行签订。尤其是一些独立设计师、SOHO设计工作室等，往往需要设计师自己承担相关的商务事宜，因此起草拟定文创开发合作的商务合同也属于设计实践的必备技能与项目经验。

合同条款是当事人合意的产物，合同内容的表现形式，是确定合同当事人权利义务的根据。《中华人民共和国民法典》（以下简称《民法典》）明确规定了17类合同的一般条款，在合同编的第四百七十条第一款规定了各类合同应具备的一般条款。合同的内容由当事人约定，一般包括下列条款：

①当事人的姓名或者名称和住所；

②标的；

③数量；

④质量；

⑤价款或者报酬；

⑥履行期限、地点和方式；

⑦违约责任；

⑧解决争议的方法。

设计服务合同的拟定可以着重参考技术合同的一般条款。技术合同的内容一般包括项目的名称，标的的内容、范围和要求，履行的计划、地点和方式，技术信息和资料的保密，技术成果的归属和收益的分配办法，验收标准和方法，名词和术语的解释等条款。与履行合同有关的技术背景资料、可行性论证和技术评价报告、项目任务书和计划书、技术标准、技术规范、原始设计和工艺文件，以及其他技术文档，按照当事人的约定可以作为合同的组成部分。技术合同涉及专利的，应当注明发明创造的名称、专利申请人和专利权人、申请日期、申请号、专利号以及专利权的有效期限。值得提醒的是，文创设计开发服务合同里需要特别注意约定设计版权问题。情况不同约定自然也不一样。有的时候为双方共同持有版权，而有的时候则是单方持有版权。

二、合同条款订立时应予注意的要点

①《民法典》关于合同一般条款的规定属于任意性规定，不具有强制执行性。

合同条款是当事人合意的产物，合同内容的表现形式，是确定合同当事人权利义务的根据。《民法典》关于合同一般条款的规定属任意性规定，仅具有建议性或者提示性的作用。按照合同自由原则，除了按照合同性质必须具有的条款外，在不违反法律和社会公共利益的前提下，当事人有权决定合同条款的内容。

②合同成立一般应当具备"名称或姓名、标的、数量"三个条款。

根据合同条款在合同中的地位和作用，可以将合同条款分为必备条款和非必备条款。必备条款是指根据合同的性质和当事人的约定所必须具备的条款，缺少这些条款将影响合同的成立。非必备条款则指根据合同的性质在合同中不是必须具备的条款，缺少这些条款并不影响合同的成立。《民法典》未对合同成立的要件作详细规定，因此无从考察合同的必备条款。但相关司法解释明确规定了合同的必备条款，原则上合同成立应具备"名称或姓名、标的、数量"三个条款。

③当事人条款是合同的必备条款，缺少当事人条款的合同，应当认定为不成立。

当事人是合同关系的主体。当事人是每一个合同必须具备的条款，缺少当事人则无合同关系，也无订立合同的基础。因此，合同中应包括当事人的条款。当事人是自然人的，应当写明其姓名和住所，当事人是法人或其他组织的，应当写明其名称和住所。当事人是自然人的情况，较多见于独立设计师个体。

④标的条款是合同的必备条款，缺少标的条款的合同，应当认为不成立。

标的是合同双方当事人权利义务所指向的对象，也称为合同法律关系的客体，是合同当事人双方权利和义务共同指向的对象。它是合同成立的必要条件，是一切合同的必备条款。是当事人双方权利和义务共同指向的对象，如货物、劳务、工程项目等。标的直接决定合同的性质和权利义务的内容，是合同首要的、绝对不可缺少的条款。需要注意的是，若合同标的是某种权利、行为，且通过文字描述有一定困难时，就可能产生缺失合同标的条款的情况。

⑤数量条款是合同的必备条款，缺少数量条款的合同，应当认定为不成立。

数量，是标的的量的规定，是标的的计量，即以数字和计量单位来衡量标的的尺度。在合同中必须使用国家统一规定的度量衡和法定单位，统一计算方法。标的是物的，应用个、件、公斤、吨、米、平方米、立方米、台、辆等单位；标的物是货币的，应用元、角、分为计量单位；无国家法定或主管部门规定的计量单位和计量方法的，当事人双方才能自行协商确定。有些产品由于其物理性质会产生自然增减的情况，如水产品，在合同中应明确规定合理磅差、正负尾差、超欠幅度、自然损耗率等。需要提醒的是，文创产品在制造环节，都存在一定的报废率或破损率。在实际操作过程中，这部分损耗一般会由乙方承担。那么，在计算开发成本时需将损耗纳入。

⑥合同缺少非必备条款的，不影响合同的成立，对缺少的非必备条款，可以通过合同补充的方法予以确定。

⑦合同的数量条款是衡量标的的尺度，相应的数字和计量单位应当具体、统一、准确，有国家下达的指令性任务的，应当严格按指令性任务指标规定。

⑧合同的质量条款应当明确规定标的物采用的质量标准，以及相应的质量责任、验收等。

质量是标的的内在质的规定性，包括性能、稳定性、效用、外观形态、耗能指标、工艺要求、等级等。标的的质量一般以品种、型号、规格、等级等体现出来，在合同中对这些项目应当有所规定。对于看样订货的合同，应提供样品，经确认后封存，合同标的必须符合样品质量要求。对于凭说明书订货的合同，其说明书必须真实地说明货品的技术标准和其他技术条件。对于成套设备、工程项目等无法提供样品的合同，其质量条款应完整、详尽，并附全部技术资料，必要时应随附样图、照片等。在实际操作中，文创产品开发往往会提供相应的设计方案详图，配合制作工艺说明等。

⑨合同中的价款或者报酬的确定，应当遵守国家的有关规定。

合同中的价款或者报酬，简称价金，是指当事人一方向交付标的方支付的表现为货币的代价。确定价款或者报酬，应当明确有关结算和支付方法。

⑩在协商确定履行期限条款时，应当明确规定所有日期的具体含义。

不同的合同对履行的期限有不同的要求，因而履行期限有不同的具体含义。如买卖合同出卖人的履行期限是指交货日期，承揽合同中承揽人的履行期限是指工作开始和完成的起止日期，而运输合同中承运方的履行期限是装货日期或交货日期。因此，在合同中应当明确规定所有日期的具体含义。文创产品开发以设计落地为导向的，可以参考交货日期。需提醒的是，产品运输时间需要纳入计算，并注意将不可抗力因素的影响明确写入合同。

⑪合同是否约定履行地点，可以根据合同本身的性质而定。

⑫如果合同的履行方式是由合同的性质决定的，当事人在合同中不能自由约定。

⑬合同的违约责任条款，有法定的从法定，没有法定的，当事人可以自行协商约定。

违约责任有支付违约金、赔偿金等形式。一般由合同法规定，当事人可以自由约定的主要是违约金。违约金又分为法定违约金和约定违约金两种，某些合同，法律规定违约方必须支付违约金，并且规定固定比例或浮动比例的违约金，当事人只能在法定的幅度内规定违约金的具体数目或计算方法。约定违约金是法律、法规中没有规定，而由合同双方当事人在合同中自由协商约定的违约金。文创产品开发项目一般涉及的常见情况为约定违约金。违约金按照合同总金额的一定比例的形式进行约定。

⑭合同的一般条款不是每个合同必须具备的条款，当事人可以根据合同的不同类型和实际需要对合同的内容作出约定。

除合同的当事人、标的条款是合同的必备条款，不具备的应认定合同不成立以外，《民法典》第四百七十条第一款所规定的合同的一般条款不同于"主要条款"，更不同于"必备条款"，"一般条款"只起提示和示范条款的作用，并不是每个合同都必须包括这些条款，合同才可成立。根据合同的不同类型和实际需要，当事人可对合同的内容作出约定。如果实际签订的合同缺少其中一项或几项非主要条款，也不影响合同的成立。不同的合同，往往有不同的主要条款。合同的主要条款由合同的类型和性质决定，不同的合同类型和性质，对主要条款有不同的要求。

⑮合同示范文本本身不属于格式合同，其对当事人订立合同仅起参考作用，不具有法律约束力。

⑯法律规定或者合同性质决定的合同主要条款决定着合同的类型，由当事人约定

而形成的主要条款，一般不能决定合同的类型。

三、委托生产合同

文创产品开发在制造环节，设计方或开发方需要与制造商或供应商签订委托生产合同，该环节可以较多地参考买卖合同的一些要求。买卖合同的内容一般包括标的物的名称、数量、质量、价款、履行期限、履行地点和方式、包装方式、检验标准和方法、结算方式、合同使用的文字及其效力等条款。

设计方一般有固定合作的成熟供应商，对于常规的定制生产活动，着重约定比较重要的内容。以文创产品中最为常见的记事本、笔记本为例，注意写明下面的条款。

①名称、数量、价款。本次生产的产品名称（注意有无版本的区别）、数量与单价、总价（如有额外的优惠需约定）等。

②质量标准及技术要求。写明笔记本质量需符合相应的国标标准。目前国家的簿（本）册的产品标准主要为：QB/T 1437—2014《课业簿册》和 QB/T 1438—2007《簿册》（图4-17）。《簿册》标准里明确了内芯用纸不小于 $55g/m^2$，封面用纸不小于 $70g/m^2$。譬如在定制生产合同里将文创本定制开发约定描述为：a.尺寸：90mm×125mm；b.工艺描述：封面为荷兰白卡，印好后覆膜；c.内页本色100g双胶纸48张（即96页）；d.装订：中缝锁线。

③明确包装形式。譬如大货生产本子包装需要每本进行塑封，或每本用OPP袋进行装袋。

④明确方案版权归属与保密要求。设计方案所有版权属于甲方所有。乙方对甲方提供的所有资料负有保密义务，未经甲方批准，乙方不得将所有资料以任何形式提供给第三方。

⑤明确付款方式、币种、账户信息与发票信息。譬如甲方按照本合同中的大货生产总金额支付50%。在完成货品验收后，甲方在4个工作日期限内付清剩余50%的货款。打样产品的情况则按照打样部分的金额100%支付。乙方开具普票（开具的发票需在合同里明确是普票还是专票），并写明双方的指定账户信息。

⑥约定履行期限、履行地点和方式。明确写明本次生产产品的交付日期、送货地点及其相关费用等。写明逾期延迟交付情况的处理方式。如乙方应按合同要求的计划完成时间完成合格产品交付，除非另有规定，每延期一天将扣合同款0.1%，由甲方原因

或不可抗力原因造成的交货延误不在扣款范围。

⑦明确争议解决。譬如，执行本合同过程中发生争议或问题，应首先进行友好协商解决。协商不成的，任何一方可到合同签订地法院提起诉讼。本合同签订地：××省××市××区××路××号。一般说来，双方若起争执，明确诉讼所在地更利于地址在合同签订地的一方。

⑧明确一式几份与补充协议。譬如，本合同一式4份：甲方执2份，乙方执2份，均具有同等法律效力。本合同执行过程中，所有附件和补充协议等需要经甲乙双方盖章即成为本合同的有效组成部分，与本合同具有同等法律效力。需注意的是除了最后签字盖章外还需加盖骑缝章。

图4-17　QB/T 1438—2007《簿册》

05 第五章

文创产品的类型设计解析

第一节　国潮与文创

一、国潮的设计研究概况

2018年被称为"国潮元年",以中国李宁国际时装周走秀和故宫彩妆文创产品的推出为标志性事件。带有强烈中国传统文化元素的产品在国内市场上掀起了一股强劲"国潮"风潮,这股潮流至今热度不减。各类国潮文化创意产品受到消费者前所未有的热捧,开始被业界和学界关注。2019年11月,清华大学文化创意发展研究院发布《国潮研究报告》,提出"国"的指向很明确,即为中国,是文化的复兴,将中华各民族的优秀传统文化都纳入视野之中。"国潮"正式进入了设计学研究领域。著名设计学学术期刊《装饰》在2021年10月发起特别策划"国风·国潮",引起了学界对"国潮"的严肃探讨。祝帅对国风、国潮设计的可持续发展及中国设计主体性的自觉建设进行了探讨;柳沙结合国潮现象、消费数据和调研,诠释了国潮兴起背后的心理机制;廖宏勇、刘平云从设计与消费主体的符号阐释经验出发,探讨了当下国潮符号的意义阐释结构及设计方法论。国潮蔚然成风的背后,既有经济与社会发展的因素,也反映出本土文化意识的觉醒与文化价值的认同。国潮也正成为国家步入坚定文化自信发展轨迹的新时代表征。

文创产品是助推国潮风格进入消费实践的重要载体,以故宫博物院、敦煌博物馆等的文博文创产品为典型代表。而文化创意产品设计研究与狭义的国风有着高度关联性。通过中国知网数据库将"文创产品"作为主题词,以2016~2021年作为时间区间进行文献检索,运用Cite Space软件对文献脉络进行知识图谱分析,如下图5-1所示。可以看到,国潮设计研究脉络发轫于文化创意领域,中国传统元素与视觉文化符号构成了其底层逻辑。

二、国潮的产业发展

"国潮"的"潮",既是潮流的兴起,又与潮牌有紧密关联。潮牌起源于美国街头文化,它不仅仅是简单的潮流元素的集合,也是当代年轻人身份认同的符号与标志,

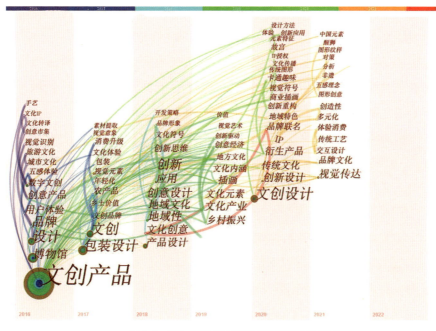

图 5-1　2016~2021 年文创产品研究关键词时区视图

是一种自我表达的外在形式。具体来说，潮牌多指一些有自己独特设计，展现生活态度的原创品牌，大都具有受众群体年轻、单品数量少、强调原创表达个性的特点。如今，说起潮牌就需要提及潮牌鼻祖 Supreme。1994 年，Supreme 诞生于滑板文化盛行的美国街头，起初它只服务于滑板圈的潮流人士。Supreme 真正进入主流文化视野是在 2011 年和 Lady Gaga 的合作。此后，Supreme 与各个领域的交集越来越密切，进入快速发展阶段。2003~2015 年，中国本土设计师与主理人纷纷创立潮流品牌，与明星联名等运作让潮牌拥有与生俱来的"明星"光环，但在消费市场中仍属小众。这个阶段的潮流品牌所蕴含的文化底蕴并非来自中国本土。2017 年夏天非常火爆的综艺《中国有嘻哈》，成功把 Hip-Hop 文化推向中国更大的群体，也给中国潮牌市场的发展带来了巨大机遇。而真正掀起"国潮"运动的是中国本土运动品牌李宁。2018 年年初，李宁携"悟道"系列登上 2018 纽约时装周秋冬秀场，融合了中国国学元素的新品一经亮相就引起了社交网络的疯狂刷屏。2018 年 6 月 21 日，李宁再度登上巴黎时装周，举行了 2019 春夏系列发布秀。国际时装周为李宁所带来的爆炸式的关注度，使得这两场秀的价值无法估量。也是从这时开始，"国潮元年"诞生，国潮之风开始逐渐兴起，到如今已经成为大势所趋。

2022年，"易观智库"发布了《2022中国国潮发展新动向》研究报告，提出新人群、新生态、新关系、新模式等四大直接推动力量依然存在，但呈现诸多新的变化，国潮与国际品牌之间的竞争格局也随之而变，且不同品类也呈现出差异化的发展态势（图5-2）。面对国潮新动向，国货品牌需蜕去"国货"外衣，修炼"国潮"内核，才能避免"国潮"退潮，并铸就引领各自行业产业升级的中国品牌。

（1）国潮发展1.0阶段：从复古风开始推进塑造独特的文化视觉

本阶段比较明显的是食品、鞋服主打复古风，老字号商品回春。"国潮元年"之后，无论是各大品牌还是综艺节目，都在有意朝着"中国风"方向进行策划与视觉效果呈现。它们的合力，让"国潮"这个热词很快进入人们的主流视野。

（2）国潮发展2.0阶段：国货品牌化运营，互联网科技企业纷纷试水"国潮"

国潮全面兴起后，很多国产品牌都会自觉地打上这个标签，而老牌企业也不断寻求新鲜有趣的跨界合作。发展至该阶段，不少品牌甚至专门设立国潮开发部门，以推动产品的升级。

（3）国潮发展3.0阶段：由商品到IP，国潮以文化内容向外输出

与前两个阶段聚焦于商品相比，国潮在第三阶段的发展更侧重于对文化的发掘与展示。2016年，中央电视台推出多个文化类节目，其中就有广为人知的《中国诗词大会》《朗读者》和《国家宝藏》。而在国潮兴起之后，这些节目的影响力也日渐增大，越来越多的年轻人在网络视频平台观看。

（4）国潮发展4.0阶段：从科技内核到文化内容，文化自信的全面觉醒

随着中美贸易摩擦加剧和逆全球化趋势的抬头，不仅仅是生活富足的年轻一代，而是全民强调民族自信，实现国潮品牌对国际品牌的大幅替代，向中高端迈进。并且开始对"卡脖子"的关键技术进行逐一攻坚，迈向突破。该阶段从科技硬实力到文化软实力，都纷纷呈现出文化自信的全面觉醒。"潮"不再囿于潮牌或潮酷，而是一股全面崛起与文化觉醒的不可抵挡之洪流。

三、国潮风格的文创设计

1. 图纹风格

当下国潮文创产品的开发可以凭借设计图案的介入，依靠设计驱动作为其发展的创新源泉与动力，通过设计驱动形成其产品的设计风格。从国潮风格演化可以发现，

第五章 文创产品的类型设计解析 | 139

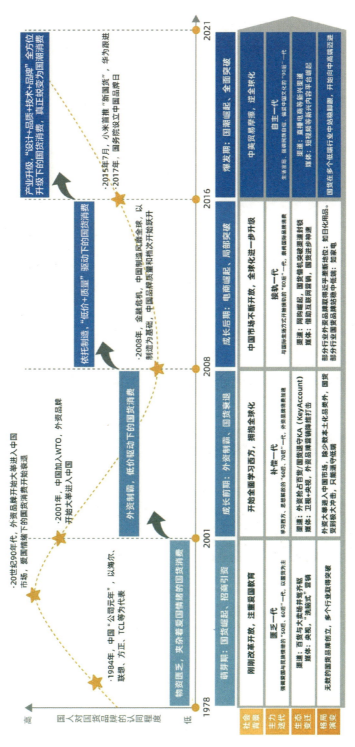

图 5-2 产业变迁：国货消费的时代变迁（引自"易观智库"）

诸多传统文化元素能为设计师提供可视觉表现的图形和文化资源。当下许多中华老字号品牌以设计为驱动,形成自己的产品设计风格,快速掀起了一股国潮风格的热潮,并得到了越来越多年轻消费群体的追捧,迅速加入了经典国货的时尚潮流中。而塑造国潮的图案纹饰视觉风格,可以通过配色、主题、线条、沟通等多种方式来实现(图5-3)。

(a)配色鲜明的国潮图案设计("绵古之印")　　(b)主题鲜明的国潮图案设计

(c)中式餐饮品牌"肉仙来"VI中包括文创周边　　(d)"KAKU熊"的城市印章系列插画

图5-3　具有视觉张力的国潮图案风格

2. 生活形态

随着生活形态的变迁,人们的需求已经不只是满足于产品的实用功能,而更倾向于其产品传达出的精神与文化体验功能,当下文创产品的设计需要更加关注人文要素的融入,随着生活形态的变迁,相应的情感、功能、社交、文化体验等需求也发生变化。当下年轻一代作为消费主力军,其价值需求正是国潮风格发展的用户驱动核心,也是当下国潮风格兴起的重要因素。当下的国潮风格逐渐打破了刚开始出现时的局限,如从单一的纹饰应用到注重元素背后的文化内涵与故事,深入了解用户的生活习惯和情感需求,以消费者的生活习惯为驱动。符合当下现代生活形态的产品形式,为消费者带来全新的体验,并使消费者的精神层面得到满足。如图5-4所示,产品创意设计的文化元素源自芭蕉扇形象,与手持小电风扇结合。产品造型与功能巧妙结合,而功能又充分契合了当前人们的生活需求。

图 5-4 国潮小电风扇

3. 联名跨界

两个品牌的联名营销,除了消费人群的互补,也是营销资源的互补。利用两个品牌的原有热度与话题,互相导流,在媒体资源投放方面,更是节省了营销预算,实现1+1>2的品牌势能。以"国潮"之名进行跨界合作,是探索"文化+"的业态合作形式,即在不同领域业态里将文化作为联结纽带,从而实现"出圈""破圈"的资源整合。跨界联名能对产品的视觉风格形成大胆的突破,这本身也非常符合"潮"对与众不同、特立独行的定义。同时也利于IP之间形成更深入的互动,消费群之间互动再到提高对品牌认可(图5-5、图5-6)。

图 5-5　途虎与飞跃之间的跨界

图 5-6　三星堆与石头科技的跨界

4. 传统工艺

使用传统工艺与非遗手作等方式重新制造文创产品，从而通过传统工艺诠释古意与当代的碰撞。说到"国潮"并非一定就是图案纹饰的创作，回归到传统工艺，呈现工艺背后所蕴藏的匠心，传递出材料工艺蕴含的东方美学意境也是一种非表面化的设计方式。如图 5-7，"竹语"系列雨伞采用"本土化绿色设计"重新阐释了传统与工业生产之间的关系，在绿色设计、传统工艺、传统文化、新材料等方面做出了新的探索。在具有简洁现代特质的同时古韵犹存，很好地嫁接了西方伞的结构和东方伞的气韵，传统与现代在产品设计里碰撞。设计者在传统工艺基础上全面创新，创造出这一系列无与伦比的全竹伞骨，具备更好的柔韧性、完备的抗风性，古典而又现代。在这个案例里，"潮"可以解读为古今碰撞、中外结合的与众不同，打破对日常产品材料的一贯感受。

图 5-7 "竹语"系列雨伞

5. 社交属性

国潮文创产品除了其功能的使用价值，也凸显了消费者的性格、审美等具有社交的属性，这正是当下生活形态变迁下新一代年轻消费群体特别关注的体验触点。"国潮风"因其具备的强烈文化归属感，以及更符合当下年轻消费群体的审美趣味，受到了广大年轻消费群体的追捧，成为当下流行的一种时尚潮流。新时代背景下国潮文化涌起现象的实质是生活形态变迁下国民文化需求和文化自信的深层体现，国潮风格作为当下中国优秀传统文化复兴的创新点，应给予其重视与弘扬，同时也有利于中国优秀传统文化的传承与发展。国产品牌"花西子"就是典型的一例，从KOL等各种新媒体营销入手，进一步强化自身国潮设计风格，塑造"东方彩妆"的品牌记忆点的同时，也特别重视挖掘国潮背后的社交属性（图5-8）。

图 5-8 "花西子"从新媒体营销入手打造国潮美妆

第二节 食物设计视域的美食文创

一、关于食物设计

中国作为一个饮食大国，从食物的获取、分配、烹制到就餐礼仪，呈现高度文明与多样化。《礼记·礼运》中有关于"夫礼之初，始诸饮食"的观点。中国的饮食文化史伴随整个社会的进步与发展。而这一部饮食文化史可谓源远流长，从古至今饮食就在人类生活中占据重要位置，在儒家文化中，饮食在一定程度上被赋予了伦理的意义。北宋文人黄庭坚的《士大夫食时五观》中有言："礼所教饮食之序，教之末也；食而作观，教之本也。"流露出了儒家关于饮食生活的美学态度，而饮食也在当时成为一种礼教。由此可见，饮食对于人类而言，无论是从生活层面还是从文化层面来进行审视，都是一个极为重要的存在。

"食物设计"的英文是"Food Design"，又译为"美食设计""食物美学""食品设计"等，是设计艺术领域中比较新和具有特别性的研究方向。食物设计作为设计学科中一个新兴的方向，其涵盖内容是多维度的，囊括心理学、材料科学、美学等不同学科范围。食物设计是将食物作为媒介或载体，对文化进行重塑的一个过程。食物设计将从设计视角出发，结合感官、场景、服务、可持续等综合性的感知体验，对饮食文化进行解读，探讨置于文化语境之下创新式的生活形态，促进文化体验感的提升。对于食物设计而言，食物不仅代表食物本身而存在，其更是一种有趣的原型材料，这些材料根植于日常的生活文化中，而如何将这种材料及其相关联的一切作为设计的对象，进而改变食物与人、食物与社会等之间的关系则是设计学科需要继续探讨的问题。食物背后所代表的文化意义、区域性等属性特征也是食物设计的创新角度之一。

从20世纪90年代左右开始，欧美国家就开始逐渐拉开对食物设计研究的序幕。其中法国兰斯高等艺术与设计学院是首先开展食物设计研究的高等院校；2006年，国际食品设计家协会成立；由Francesca Zampollo博士创办的国际食品设计协会于2009年成立，逐渐开始举办与食品设计相关的研讨会；随之而来的是国际食品设计期刊在2014年创办。之后越来越多的设计学院、设计师、企业等加入到食品设计研究的行列中来，如荷兰埃因霍芬设计学院等开始陆续开设与食物设计相关的专业，并对食物设计相关层面展开研究。

食物设计在不断发展的过程中，随着社会及相关科技的进步，其内涵与外延都在不断地发生变化和发展。食物设计不仅是关于食物介质的整体性研究，更是关乎与饮食及其文化相关的一切系统的研究。随着互联网时代的快速发展，各种新媒介、新消费、新业态也赋予了食物更多样、更丰富的表现和体验形式，促进食物设计迈入了新的发展阶段。

二、美食文创设计维度

当代语境下的食物设计应该体现多个维度的意义，如图5-9所示，在立体三维坐标里，每一个层面都有与之对应的延续与发展，主要从三大维度展开：感受维度、文脉维度、效率维度。感受维度的两端是意义与官能，即食物设计倾向于美味等官能感受还是倾向于赋予更多的意义，如亲情的、文化的、生态的价值观等；文脉维度是从传统复古到现代新兴，文化语境不同，赋予食物设计的内涵就不一样；效率维度是指通过食物设计让饮食过程的取向发生变化，是塑造仪式感乃至形成繁复礼仪，还是追求高效便利的就餐。从设计角度切入食物及其饮食文化，就是以食物为媒介，重构这些维度之间的关系。

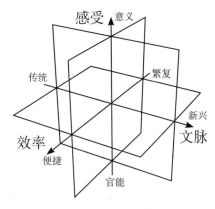

图5-9 食物设计的维度探讨

美食文创的"美食"并非一定是指美味的含义，而是指食物设计基础上的文创产品开发，亦可称之为"饮食文创"。根据前述构建的设计维度，结合当前的美食文创案例可以看出，美食文创设计在感受上倾向于文化意义的塑造。在旅游商品领域，注重即时体验即便携的效率属性。而在文脉的维度，则可以形成百花齐放不尽相同的创新，或传统工艺的复古，又或新颖的时尚元素。毫无疑问，兴起于博物馆的文创雪糕（表5-1），拉开了美食文创被大众逐步熟悉的序幕。

表5-1　代表性文创雪糕案例收集

博物馆文物类					
博物馆	雪糕名	售价/口味	文创雪糕图	文物元素	文物原型图
北京汽车博物馆	汽车雪糕	18元/支 巧克力、酸奶黄桃口味		林肯KB-V12	
甘肃省博物馆	铜奔马雪糕	15元/支 哈密瓜口味		铜奔马（马踏飞燕）	
金沙遗址博物馆	商周大金面具/金面铜立人雪糕	20元/支 芒果、抹茶、桃桃口味		商周大金面具、金面铜立人雪糕	
江西省博物馆	双面神人雪糕	15元/支 香醇巧克力、国风抹茶口味		双面神人青铜像	

续表

博物馆文物类					
博物馆	雪糕名	售价/口味	文创雪糕图	文物元素	文物原型图
南京博物院	梅瓶雪糕	19.9元/支 草莓口味		明洪武釉里红三友纹梅瓶	
宁夏博物馆	琉璃鸱吻雪糕	16元/支 芒果、抹茶、蜜桃口味		琉璃鸱吻陶器	
首都博物馆	伯矩鬲（lì）雪糕	15元/支 抹茶、可可、奶香口味		牛头纹带盖伯矩鬲	
上海博物馆	大克鼎雪糕	20元/支 抹茶、巧克力口味		西周大克鼎	

续表

博物馆文物类					
博物馆	雪糕名	售价/口味	文创雪糕图	文物元素	文物原型图
三星堆博物馆	青铜面具雪糕	15元/支 奶香、抹茶、巧克力口味		纵目面具、平头面具	
山西省博物院	晋候鸟尊雪糕	19元/支 芒果、抹茶口味		西周晋候鸟尊青铜器	
	鸮卣（xiāo yǒu）雪糕	19元/支 葡萄、沙棘口味		鸮卣青铜器	
沈阳故宫博物院	甪（lù）端/大政殿雪糕	10元/支 焦糖奶油、巧克力口味		神兽甪端/大政殿	
天津博物馆	玉壶春瓶/翡翠蝈蝈白菜雪糕	15元/支 香草、哈密瓜口味		清乾隆珐琅彩芍药雉鸡图玉壶春瓶、清代翡翠蝈蝈白菜	
云南省博物馆	大鹏金翅鸟雪糕	18元/支 芒果、草莓口味		大鹏金翅鸟	

续表

博物馆文物类						
博物馆	雪糕名	售价/口味	文创雪糕图	文物元素	文物原型图	
中国国家博物馆	四羊方尊雪糕	18元/支 抹茶口味		四羊方尊青铜器		
	陶鹰鼎雪糕	18元/支 榛子、草莓口味		陶鹰鼎		

各地名胜景点类						
城市	雪糕名	售价/口味	文创雪糕图	景点元素	景点图	
成都	大熊猫雪糕	20元/支 草莓、巧克力、抹茶口味		大熊猫、大熊猫繁育研究基地大门、竹子		
重庆	洪崖洞雪糕	18元/支 巧克力、草莓口味		洪崖洞		

续表

各地名胜景点类					
城市	雪糕名	售价/口味	文创雪糕图	景点元素	景点图
大连	摩天轮雪糕	20元/支 海盐芝士、白桃乌龙口味		大连森林动物园摩天轮	
敦煌	莫高窟九层楼雪糕	15元/支 草莓口味		九层楼	
广州	广州塔雪糕	15元/支 草莓、芒果、牛乳口味		广州塔	
杭州	西湖断桥相会雪糕	35元/对 牛乳味		西湖断桥	
乐山	峨眉灵猴/峨眉瑞雪雪糕	15元/支 巧克力、芒果、草莓口味		藏酉猴、雪花	

续表

各地名胜景点类					
城市	雪糕名	售价/口味	文创雪糕图	景点元素	景点图
南京	夫子庙雪糕	9.9元/支 古法黑糖奶茶味、马来西亚斑斓味、阿方索芒果味		江南贡院、小状元3D造型	
泉州	东西塔雪糕	16元/支 牛乳、巧克力口味		东西塔	
苏州	冠云峰/拙政园雪糕	15元/支 巧克力、牛奶口味		冠云峰、拙政园见山楼	
武汉	黄鹤楼雪糕	15元/支 巧克力和酸奶黄桃口味		黄鹤楼	

备注：按照博物馆名称与城市名称字母排序。售价为案例收集时的价格，如有变化以实际为准。

三、美食文创产品的设计创新

1. 塑造形态模拟

馆藏文物是博物馆各类文博资源的核心,而文物原型一直是博物馆衍生品开发的根本,是其创新的根本素材。博物馆文创产品设计历来格外重视对文物原型形态特征的模仿或提炼。食物设计比较常见的设计方式是将食物作为一种特殊材质对形态进行重塑或演变。再者,形态要素本身也是产品视觉识别的首要设计路径。因此,博物馆美食文创最直接最朴素的设计方式是对相关馆藏文物原型形态、博物馆特色建筑等的模拟,此方式为当前博物馆美食文创设计最为常见的方式(表5-2)。

表5-2 美食文创中形态模拟的设计方式分析

运用方式	整体模拟	局部拟态	纹饰塑形	纹饰呈现
实物图例				
美食文创	四羊方尊巧克力	神兽雪糕	秘色瓷莲花碗曲奇	太阳神鸟月饼
文博元素	四羊方尊青铜器	故宫建筑脊兽	五代秘色瓷莲花碗	太阳神鸟金饰
出品博物馆	中国国家博物馆	故宫博物院	苏州博物馆	金沙遗址博物馆

2. 调动官能体验

美食文创在品类众多的文创产品中最突出的特色在于其食物属性,应将能充分调动味觉和嗅觉的官能感受置入文创体验中。食物蕴含的官能刺激源自人类的天性,记忆的敏感性和持久性在美食文创设计的底层逻辑上显得格外朴素和直接,将官能调动的记忆高度关联于相应的文博元素,将"博物馆生活"向下塑造则获得了本能般的自我主动感知。"博物馆生活"体现了博物馆发展在文博文创领域的新理念与新趋势,也蕴含了基于生活形态和日常体验的设计观的介入,并结合了文化消费和文化体验提升需求。如图5-10,丽思卡尔顿酒店推出的故宫主题的下午茶,将宫廷文化打造得秀色可餐。

图 5-10　丽思卡尔顿酒店下午茶的点心设计

3. 联结触觉通感

　　文创产品设计在受众主动体验上显现出特别积极的引导和影响。当文创产品完成商品转化之后，充分呈现出了体验和传播的双重介质特点。从中观角度来讲，文创设计开发极大地促进了博物馆文创消费的同时，也在很大程度上鼓励和提升了民众融入博物馆生活的主动性。从微观角度来看，文物的不可触摸性则在美食文创商品上彻底地被颠覆为可触摸和可品尝的。区别于嗅觉和味觉的不同，同时又因食品卫生的限制，美食文创将一般商品的把玩使用过程蜕变为触觉的通感运用。如图 5-11 所示，河南博物院推出的玉佩形棒棒糖，该款"棒棒糖"以青玉人首蛇身饰为原型，不仅造型逼真，纹路清晰可见，连色泽都做了"做旧"处理。棒棒糖与文物的玉质质地高度一致，从视觉到触觉形成了通感连通。

图 5-11　河南博物院的玉佩形棒棒糖

4. 场景情感共鸣

美食文创要在"文"上深挖，不能仅与食物生硬结合，应将文物蕴藏的文化内涵、故事渊源赋予美食文创产品。例如圆明园的荷花雪糕开发背后就有一个传奇的考古故事：在长春园最东南隅的如园遗址考古发现了11颗古莲子，经过中科院专家的精心培育，有6颗莲子在播种后成功发芽并于夏天盛开。于是圆明园在夏季推出了荷花造型的雪糕。圆明园的荷花盛景仿佛穿越了百年时空重现，清风送爽淡香摇曳。而游客手中的这块美食文创雪糕，在视觉上成为到荷塘"打卡"的应景道具，在味觉上对应荷塘清凉之感，更在唇间留香之际契合盛夏季节的场景感，融化之时又呼应了莲子考古传奇的时空意味。因此，美食文创更高层次的设计运用应该是通过"人—物—景"的巧妙融合来塑造文化意象和彰显文化内涵。

遗憾的是，当文创雪糕火遍全网之后，全国各地冒出了各种各样的雪糕。"为了雪糕而雪糕"已是常态，许多文创雪糕只是粗糙拟态而已。这种现象应该引起美食文创设计界的警醒。

第三节　铸牢中华民族共同体意识的民族文创

一、关于民族文创

地方性博物馆对当地的文化资源保护与传承起到了至关重要的作用。而当前文化文物单位的文化创意产品开发是以博物馆文创实践作为发展引领。尤其是2016年国务院办公厅转发多部委《关于推动文化文物单位文化创意产品开发的若干意见》以来，博物馆、美术馆、图书馆等单位的文创产品开发工作步入全新高速发展阶段。但就在各大博物馆文创事业蓬勃发展的当下，少数民族地区的博物馆文创开发相对于经济发达地区却处于被忽视或比较滞后的状态。对于少数民族地区博物馆发展的关注，以及对少数民族特色文化资源保护与传承研究方面则更少关注到对应的文创开发领域，往往忽略了文化资源与旅游产业要素的对接。

而当前各种文博文创产品广受全国各族人民的热爱，因此文博文创产品既可以有效地承载相应特色的文化内涵，又可以高效地树立和传播中华民族共同体的核心理念。我国各民族文化资源非常丰富，因此少数民族地区博物馆需提升文创开发水平，探索通过"民族文创"铸牢中华民族共同体意识的创新方式。与此同时，全域旅游发展进入新时代新阶段，进一步推动少数民族地区文化文物单位文化创意产品开发，可以有效促进民族特色基础上的文化经济建设，促进少数民族地区的文博旅游紧跟当前我国博物馆改革步伐，让具有广泛民众基础的文创产品成为夯实中华民族共同体意识的重要载体，以广大人民群众喜闻乐见的形式，以润物细无声的方式为文化体验赋能，包括内涵赋能、文旅融合赋能、产业赋能，从而最终实现各族人民共同创造美好生活，同心共筑中国梦。

二、民族文创的发展路径

1. 文化层：集中力量打造"文博IP"

少数民族地区博物馆要在文创开发基础比较薄弱的阶段高效推出文创产品，在一般执行过程中常使用的系列性文创开发不一定适用，应该以抓突破点的方式来提高开发效率。一方面，馆方可以突破博物馆"本馆"的局限，放大到所在地区，探寻特色文化资源的转化与呈现；另一方面，从用户体验的角度出发，文创开发挖掘的特色文物，以可识别、可记忆为基本点，减少知识门槛过高的情况，进而集中宣传力量打造形成精品"文博 IP"，有效地便于参观游客识别。文博 IP 既可以成为博物馆官方的品牌化识别，又可以成为当地民族文化的代表。文博文创产业传播的是"精神"本身，周边文创产业则是为"精神"服务。因此，"民族文创"要成为铸牢中华民族共同体意识的体现与宣传载体，充分展示各民族共同创造的中华灿烂文化，以及各民族共同培育的伟大精神。民族文创发展的根本在于立足于文化层，将文化精神置入文博 IP 内核，形成由表及里的识别性与记忆性。

2. 商业层：推进"文旅商科"融合

好的文创开发机制一定是可持续的，实现相关利益者的多赢局面。少数民族地区博物馆在文创产业方面所面临的困境往往具有一定的共同性，而我国偏远民族地区文博事业面临的挑战则更大。挑战与机遇并存，可以充分借鉴优秀成果并形成后发优势，从一开始就架构好良性的、可持续性的文博文创开发模式。首先要处理好文化影响力与商业逻辑之间的关系。商业逻辑是文创产品设计与开发的基本逻辑，而适合的商业模式可以赋能文化发展。其次，根据高效破局解决问题的思维探索开发路径，大胆创新方法与模式。充分借鉴其他民族博物馆成功的做法，因地制宜、与时俱进，探索文创商业开发模式。在文旅融合的基础上，进一步拓展为"文旅商科"融合，即将商业与科技纳入协同创新生态链上。譬如，直播销售、自媒体推广、小程序运营等方式就是在移动互联网产业基础上发展起来的融媒体与商业渠道、商业销售、商业推广联结的典型。传统商业模式与新兴商业模式并行，要突破思维束缚，敢为人先地探索新模式和新技术下的可能性，促进民族地区民族文创的跨越式发展。

3. 业务层：构建"政产学研用创"

民族文创对于民族文化特色性的展示转译而言需要突出创意设计的在地性；对于设计开发的业务层来讲则与之相反，需要突破地域性的思维桎梏。发展文博旅游文创商品产业链，可以引入多方优质开发资源或团队，弥补自身相关资源的缺乏，形成"政产学研用创"的合作，即联结政府机构、制造企业、高校、研究单位、运营宣传渠道等形成多元一体的业务支撑，通过政策扶持、远程协同、商业接入，联合创新创意创业，建构多路径联动机制。一是多元路径资源合作，助力民族地区文博事业发展；二是博物馆发展不平衡不充分与人民美好生活需要之间的矛盾仍很突出，而铸牢中华民族共同体意识，要把各族人民对美好生活的向往作为奋斗目标；三是要充分发挥博物馆的社会宣传教育功能。将广大高校师生资源引入支持民族文创创意水平提升的业务实践中来，这一过程也是加强社会主义核心价值观教育的实践。民族文创的联动开发与设计创作，能够有效地推动文化育人，并针对高校师生群体牢固树立正确的国家观、历史观、民族观、文化观，构筑各民族共有精神家园。

三、民族文创案例

1. 平面视觉类

案例来自"滇国往事"品牌视觉设计（图5-12）。现代云南民族审美里流淌着古滇国文化，古滇国的器物传递着神秘与质朴的气息。古滇国独特的屋檐建筑造型是具象化的文化符号。"滇国往事"的品牌形象由此延伸，将文化融入非遗手作之中，借由新的器物传递祝福。"滇国往事"想要更贴近世俗生活的历史传承，借力非遗文化，

图 5-12 "滇国往事"视觉设计（"无非品牌"）

将该品牌视觉项目定位为"非遗造物坊",从器、技、艺、食,四个具体维度诠释古滇国非遗文化的内容,同时将色彩和民俗符号相结合建立独特的视觉体验,明确品牌形象。希望引发人们对于民族文化新生的思考,赋予品牌新的生机。

2. 非遗技艺类

案例来自"巴马的礼物"(图5-13)。巴马的壮绣独具巴马特色,刺绣图案受大自然活泼美丽的生命所感染,多为繁密花枝、蝴蝶凤凰、花鸟鱼虫等,造型活泼、色彩艳丽悦目。"壮绣"系列作品主要由村里的妇女手绘图案并配色,保留巴马壮绣原有的特点、风格,再由当地人手工制作成耳饰、发饰、包袋、装饰画等作品,别具特色。"巴马的礼物"是手工手作系列的文创。

图 5-13 "巴马的礼物"的壮绣手作文创

3. 工业设计类

案例来自针对康巴文化的文创实践(图5-14)。以四川省甘孜藏族自治州博物馆的康巴特色文物为抓手,在文物元素提炼过程中以工业设计类文创产品为目标,注重探寻高频使用、生活实用性强和适合旅游消费场景的产品。甘孜博物馆馆藏的"四足提梁羊壶"体现了康巴藏族地区的民族习俗特色。针对该文物IP,博物馆现有开发的文创商品为黑陶壶。但是该饮具的形制较远地脱离了当下大众游客的饮食习惯或日常所需,其造型体态偏大,不便于游客携带。于是课题组在创意设计过程中,将文物元素在文创产品载体上的应用领域以及材质领域进行迁徙,将其设计为便携的小型氛围灯具。利用大众熟悉的"羊脂玉"形象,将文物的羊壶形态与光源结合,羊壶造型中透出温润的光泽,并可通过触摸方式进行光源的开关控制,从而让文物文创走进旅

(a) 四足提梁羊壶（实景拍摄）　　(b) 黑陶壶（实物拍摄）　　(c) 便携氛围灯具设计（实物拍摄）

图 5-14　针对"四足提梁羊壶"文物的文创灯具设计

游消费者的日常生活，让游客将文博旅游中的康巴文化印象"带回家"。

4. 包装创新类

案例来自"花西子"的傣族印象系列包装（图5-15）。"花西子"的苗族印象系列彩妆将苗族文化融入彩妆，让更多人看到非遗文化中的苗银之美。继苗银系列的包装大获成功后，继续深挖中国少数民族文化元素。秉持"愿以民族时尚，演绎东方大美"的理念，品牌又于2021年推出了傣族印象系列。该系列结合云南省西双版纳傣族

图 5-15　"花西子"傣族印象系列美妆包装设计

自治州的当地花植成分、文化艺术与特色妆容,以孔雀图腾为灵感,打造了深具灵动之美、内外兼修的傣族印象系列产品。该系列将傣族的民族元素通过包装设计演绎得华丽斐然,一经亮相收获赞誉颇丰。

5. 服饰设计类

案例来自四川凉山彝族服饰传承与创新代表人物、彝族毛纺织及擀制技艺非遗传承人、原创独立设计师阿牛阿呷的服饰设计作品(图5-16)。其个人作品"白云间",以彝族传统服饰元素为核心,搭配时尚廓形,将民族与时尚有机结合为一体。设计灵感来自彝族人生活环境中的连绵群山,以及凉山彝族盛行千年的羊毛制品——擦尔瓦。"擦尔瓦"是彝语,意为"披毡",是彝族传统服饰,男女老少都爱穿,终年不离身。阿牛阿呷取材"擦尔瓦",将当地最常见的民族元素融入现代服饰中。作品"白云间"在北京中国国际时装周惊艳亮相,经设计师创新后的"擦尔瓦"成为一件适应潮流变化的时尚单品,更展示了民族文化所蕴含的巨大时尚创意潜能。

图5-16 四川凉山彝族服饰传承与创新代表人物阿牛阿呷的设计作品

第四节　红色旅游与红色文创

一、关于红色旅游

从2004年号召发展红色旅游以来，中共中央办公厅、国务院办公厅连续印发了《2004—2010年全国红色旅游发展规划纲要》《2011—2015年全国红色旅游发展规划纲要》《2016—2020年全国红色旅游发展规划纲要》，全国红色旅游发展格局已基本形成。其中，《2004—2010年全国红色旅游发展规划纲要》指出，发展红色旅游的主要任务是建设红色旅游精品体系、建设红色旅游配套交通体系、建设红色旅游资源保护体系、建设红色旅游宣传推广体系、建设红色旅游产业运作体系，并且明确了发展红色旅游八个方面的内容。

①反映新民主主义革命时期建党建军等重大事件，展现中国共产党和人民军队创建初期的奋斗历程。

②反映中国共产党在土地革命战争时期建立革命根据地、创建红色政权的革命活动。

③反映红军长征的艰难历程和不屈不挠、英勇顽强的大无畏革命精神。

④反映中国共产党带领人民抗日救国、拯救民族危难的光辉历史。

⑤反映解放战争时期的重大战役、重要事件和地下工作，彰显中国人民为争取自由解放、夺取全国胜利、建立人民共和国的奋斗历程。

⑥反映全国各族人民在中国共产党的领导下，建立爱国统一战线，同心同德、同仇敌忾的团结奋斗精神。

⑦反映老一辈无产阶级革命家的成长经历和丰功伟绩，以及他们的伟大人格、崇高精神和革命事迹。

⑧反映各个历史时期在全国具有重大影响的革命烈士的主要事迹，彰显他们为争取民族独立、人民解放而不怕牺牲、英勇奋斗的崇高理想和坚定信念。

2018年7月，中共中央办公厅、国务院办公厅印发了《关于实施革命文物保护利用工程(2018—2022年)的意见》(以下简称《意见》)。《意见》指出"深入挖掘革命文物的价值内涵和文化元素,运用市场机制开发更多文化创意产品,促进文化消费。打造红色旅游品牌,推出一批研学旅行和体验旅游精品线路,促进革命老区振兴发展"。由此可见,红色旅游的品牌化发展方向势必也会影响到相应的文创产品设计思路,进一步促进相应的文创品牌探索,开启红色文创IP探寻道路,赋能于红色文化资源的转化与开发。伴随红色旅游的内涵式发展,逐步与乡村旅游、研学旅行等业态形成深度融合。以旅游文创商品和数字创意为重要内容的红色旅游文创开发水平也步入了提升快车道,开始探索能与当地文脉、地域特色相融合的地方红色文化IP化构建,以及红色文创品牌发展路径。

二、视觉创意转化

1. IP形象

对于红色文创IP构建来讲,红色文化需要转化为目标用户所能感知的视觉要素,并最终实现相应文化体验的触达。这一视觉重构过程,结合不同的设计风格可以形成一系列的"红色视觉"语汇。设计风格与红色文创产品的文化资源内容、目标用户群和文化消费场景相匹配。如图5-17所示,针对鲁迅人物形象开发的小件文创产品,从图(a)到(d)可以清晰地感受到其视觉语汇中的萌化风格逐步增强。图5-17(a)较大程度保留了鲁迅先生八字胡须的形象特征,但是萌化方式产生偏差,不仅没有达到通过萌乖拉近与年轻人的距离,反而呈现出了不恰当的、近乎负面的形象。图5-17(d)则比较成功地与卡通形象结合,呈现了萌乖设计风格。"红色视觉"创意应该是以红色文化元素为内容,遵循适合的视觉风格化表现方式进行IP形象创意转化,并非孤立地进行创意设计。

(a)   (b)   (c)   (d)

图5-17 针对鲁迅形象不同的IP设计风格

2. 产品语义

红色文创产品开发需要对相应的红色文化IP形成针对实体产品的载体转化，通过产品设计语义完成对单一图案化的IP形象的应用变迁。常见的产品设计语义包括纹饰语义、形态语义、材质语义、功能语义和场景语义等。将功能与场景维度纳入IP形象的转化过程，可以让文创产品的使用场域由旅游迁移到日常生活场景，从而促使红色文化渗透到游客当前的生活之中，并且能够通过产品的实际功能或实用性用途，形成多次接触体验。因此，红色文创产品设计能明显区别于平面设计类创作，不是单纯对IP形象的图案式运用，而是对红色文化IP形象形成使用体验感知。当前大量红色文创是"插画设计+商品载体"的开发方式，为了区别于此常规设计路径，课题组在进行红色文创开发的一开始就以工业设计类产品为目标，将红军吹响胜利号角的意象作为创意点设计了饮品玻璃瓶（图5-18）。当使用者抬起水瓶喝水时，其使用产品的姿势就宛如吹响军号的一瞬间。瓶身上的红色装饰带进一步强化了号角吹响的印象。该创意设计不再高度依赖于平面视觉，而是将红色文化的精气神与产品造型做了巧妙结合，将蕴含红色文化寓意的物体形象与产品使用过程形成动态联结。

图5-18 "红色号角"玻璃水瓶设计（效果图/华杨）

三、"红色文创"案例

1. 北大红楼"新青年文创"

北京大学红楼位于北京市东城区五四大街29号，建筑面积约11000平方米，原为北京大学校部、一院（文科）、图书馆所在地，始建于1916年，落成于1918年。全楼主体以红砖砌筑，红瓦铺顶，故称"北大红楼"。北大红楼是一座具有光荣革命传统的近代建筑，是李大钊、陈独秀、毛泽东等人开展革命活动的重要根据地。这里曾掀起新文化运动的高潮，是五四运动的重要策源地、共产党早期组织诞生地，对推动全国范围共产党组织的建立发挥了重要作用。1961年，北大红楼被公布为第一批全国重点文物保护单位。2020年3月，北京市将北大红楼列为"北大红楼与中国共产党早期北京革命活动旧址"之一，进行保护修缮，内设"光辉伟业红色序章——北大红楼与中国共产党早期北京革命活动主题展"，并对图书馆主任室等六处旧址进行复原。

北大红楼推出的"新青年"系列文创商品受到了诸多参观者与游客的喜爱，呈现了比较统一的视觉风格。图案设计在遵循文物字体本身的基础上，注重排版构成的方式，融入一定的时尚性，形成一种时代的对话感，拉近了与消费者的距离。"新青年"系列的红色文创产品开发对革命文物资源的创意转化非常成功。这些红色文创在各个新媒体平台上多次刷屏受到热捧。文创商品体系比较丰富，除了常规的针对红色旅游开发的各种小件纪念品外（图5-19），还包括饮用水、雪糕等饮食类文创商品（图5-20）。

图5-19　针对北大红楼开发的红色旅游纪念品

图5-20　针对北大红楼推出的饮食文创

2. 献礼建党百年纪念的文创

为庆祝中国共产党成立100周年，2021年笔者的文创团队接到相应献礼纪念品的文创产品开发任务。在红色文创产品设计执行过程中需要注意的是，关于党徽、革命先烈、伟人等具体形象与图案需要遵守相应的规定与使用规范，未经授权不能贸然地进行直接使用。在本案例中，团队原创性地设计了徽章对杯形式。首先对设计委托方想要设计的革命遗址（红军四渡赤水的土城渡口纪念碑、泸州起义指挥部旧址）素材进行图形创作，设计为徽章图案（图5-21）。

对杯上两枚徽章的创意要有所区别。因此，一枚是反映革命精神的"峥嵘岁月"，另一枚是反映中国改革发展伟大成就、坚定自信发展道路的"迈向未来"。其中，"迈向未来"这枚徽章的设计融入了国家战略性大工程与建设成就，诸如空间宇航事业与探月工程、大型桥梁等基础设施建设、高铁建设、国产大飞机、新农村新农业发展等。一枚可谓缅怀过去，另一枚则面向未来（图5-22）。

（a）泸州起义指挥部旧址

（b）四渡赤水·土城渡口

（c）纪念徽章基础图案原创设计

图5-21 徽章设计

百年芳华·峥嵘岁月

百年芳华·迈向未来

图5-22 成对徽章设计

完成了基础图案创作之后,则开始进行品饮对杯的设计,按照前述的工业设计类文创开发流程进行推进。分别包含了徽章的金属件铸造、陶瓷杯身的设计与打样生产、对杯礼盒包装设计等几个板块(图5-23)。

图5-23 "百年芳华"品饮对杯

第五节 商业定制伴手礼文创

随着文创影响力持续走高,单纯的商业定制礼品也开始往文创伴手礼方向发展,重视礼品中融入各种文化,诸如公司品牌文化、经营理念,以及各种会议、展会的文化主题信息等,可谓大有一番"无文化不成礼,无创意不真诚"的定制开发理念。趋向于商业的商务伴手礼已经逐步成为定制型文创产品的一大类型,既提供了诸多商业机会,也在相应的垂直品类里产生了相关的创意与开发经验。

一、入职礼物

入职礼物一般赠予新员工,作为正式入职或岗前培训、新成员团建或入职纪念品。入职礼物的开发一般具有如下几个方面的诉求:①传递职业祝愿,如前程似锦等;②表达团队精神,如携手发展等;③蕴含企业文化,传达企业的发展理念或呈现品牌文化;④具有实用性,方便使用;⑤兼顾一定纪念性,除了让入职礼物方便使用外,个别搭配可以考虑其纪念价值属性;⑥顾及新员工年轻群体的喜好,入职礼物产品设计风格契合目标用户的审美。

如图5-24所示,厦门银行定制的入职礼物偏向于实用性。礼盒本身就是一个收纳箱,里面的记事本、餐具和水壶等均能在岗位培训期间很好地使用。礼盒腰封上的

图 5-24 厦门银行的入职礼物

"心手相连·承诺百年"表达出团队祝愿。而图5-25招商银行的新人礼包相比较厦门银行来讲则更偏重品牌形象塑造,招商银行的IP形象"小招喵"贯穿了整个礼物设计思路。三层礼盒内置了员工卡套、记事本、帆布袋与小招喵盲盒。盲盒产品也深受当前年轻群体的喜爱。

图5-25 招商银行的新人礼包

二、展会伴手礼

展会是一个笼统称谓,包括了各类各级会议会展、博览会、展销会等,甚至还可以将各种短期性的艺术展、画展,以及茶歇等归入。展会的形式多种多样,且全年间歇性召开,因此展会伴手礼是商业伴手礼文创定制需求的重要来源。展会伴手礼的设计可以注意下面几点:①视觉效果,产品视觉要符合会议的视觉识别系统所制定的风格;②注重控制成本,由于参会人数往往较多,礼物套数也较多,从打包角度来讲需要控制整体支出;③注意档次设置,也正是因为参会人数多,所以需要根据不同的参会人员类别或级别的设定来搭配套装产品,如嘉宾的伴手礼要比大众参会者的高档一些;④兼容会展调性,譬如艺术展的文创伴手礼与招商会的伴手礼就大相径庭,前者要突出艺术审美性,并且与策展文化主题相匹配,文创伴手礼成为参与构建艺术氛围的手段之一,而后者则要传递商业欣欣向荣的气息,给参会者以企业繁荣发展的信心。

传统的会议伴手礼往往只注重实用性,诸如U盘、雨伞、保温杯等,愈发千篇一律,一张标识贴贯穿到底的方式已经愈发地被用户所不喜。因此,融入文化内涵与文化主题,提升礼品的创意水平已经成为当前会务伴手礼的主流要求。如图5-26所示,该伴手礼盒围绕近年来关注度较高的太空登月主题进行开发,由手机支架、口袋充电宝、太空人氛围灯等产品组成,整个设计风格趋向年轻化。图5-27的大会伴手礼则将会议提包与礼包的包装相结合,视觉上干练简约,更偏向于商务性。

图 5-26　登月主题的伴手礼　　　　　　　图 5-27　2022 年华为公有云专家大会伴手礼

三、客户赠礼

面向客户赠礼的文创产品开发需要首先明晰赠礼的目的。客户赠礼在商务定制中情况也多种多样，譬如有客户的生日礼物、会员积分礼物、销售促销礼物、合作答谢礼物等。在不同成本档次预算下，定制开发相应的礼物注重传递出心意与文化。传递心意的礼物需蕴含尊重、重视、谢意等含义；文化则可融入企业或品牌的IP形象、企业精神，亦可从传统文化入手，传递美好祝愿。相对于入职和展会礼物，客户赠礼的针对性稍强，产品类别与品牌调性要一致。客户赠礼是品牌维系客户的方式，是增加客户黏性与品牌忠诚度的一种手段，更重要的是传递出品牌价值，借助文创伴手礼形成与客户之间的情感互动。

如图 5-28 所示，户外服饰品牌"始祖鸟"推出的顾客生日赠礼礼盒由记事本、书签和便利贴组成，除了将品牌标志设计为镂空金属书签外，便利贴的设计为山形断层造型，与该品牌的户外功能定位相契合。

图 5-28　"始祖鸟"的顾客生日赠礼

四、节事礼物

节事包含了各种庆典、节日节庆、特别事件、特殊纪念日等。例如当前掀起的高校录取通知书及其伴手礼风潮就是典型的节事礼物,从设计开发委托方或场景来讲属于校园文创产品,从产品开发目的来讲则属于节事文创产品。各种传统佳节诸如中秋节、端午节、元宵节等节事礼物更是五彩缤纷、各色各样。同样,随着人们生活水平的日益提高,对精神文化的追求随之凸显,因此这些节事礼物都对设计创意提出了更多的创新要求。从原创插画到产品外观,从意境格调到产品质地,从使用功能到产品包装等方面都有着提升。此外,将文博文创产品组合纳入商务礼品套装中也成为一种流行趋势,既增加了礼品套装的文化含量,又能对地域文化形成一定的宣传,从而也传递出一种坚定文化自信的发展信心。

节事礼物的创意设计可以侧重于下列几点进行切入:①将节事体验转移到文创体验上,从而让文创产品与该事件产生情感关联;②聚焦于对事件的彰显,要比较直接地给予呈现,如入职纪念、毕业纪念、成立庆典等;③表达美好祝愿,从传统文化中汲取营养,挖掘产品纹饰、色彩、造型等的寓意;④注意是否兼顾赠礼对象的喜好偏好。尤其是送给儿童的礼物,则更需要注意契合儿童的认知水平和特征。送给年轻人的礼物则可以大胆使用更多潮流化的设计表达方式。

如图5-29所示,互联网公司"字节跳动"的十周年礼包,包含了定制T恤、"Day1"笔记本、"拥'包'变化"斜挎包、桌面杯等。整个产品设计用色鲜明而大胆,符合年轻人群的风格偏好。每年中秋佳节,各大互联网头部企业推出的中秋月饼礼盒与中秋礼颜吸引人眼球,往往突破传统的月饼礼盒形式,将各种潮玩、装置等引入,呈现出了与众不同的新潮中秋礼物创意。

图5-29 "字节跳动"的十周年礼包

第六节 工艺美术视域的文创设计

一、关于手工艺与文创

过去的创新，是今天的传统；今天的创新，即是未来的传统。传统与创新的对立统一，在手工艺的历史长河里掀起的浪潮从未停息。各类手工艺产品一直是旅游商品和文创产品的一大类别。技艺精湛化与审美的纯粹化则是工艺美术的特点。工艺美术一般是指制作手工艺品的艺术。工艺美术作为物质产品，反映着一定时代、一定社会的物质和文化生产水平；作为精神产品，它的视觉形象又体现了一定时代的审美观。但是随着时代的发展，工艺美术已经不仅仅局限于手工艺，而是与机器工业、高新技术甚至与大工业相结合，把实用品艺术化，或艺术品实用化。

手工艺与文创产品结合的过程中，需要探寻工艺美术与现代设计方式、现代生活形态的融合，以及探寻创意与技艺的对话。工艺美术转化为文创产品，需要平衡艺术与市场、文化与经济之间的关系（图5-30），提升创意设计水平也是工艺美术与时俱进的要求。根据《中华手工》杂志发布的《中国手工艺生态调查报告》(2018)、《中国传统工艺品牌调研报告》(2019)、《中国手工艺消费市场调研报告》(2020)可以看出一些结合过程中存在的设计问题。

图5-30 手工艺与文创产品结合需要经济效益做支撑

调查发现九成传统工艺从业者认为产品设计没有问题，而九成消费者认为其产品设计存在问题。一部分消费者甚至认为，单纯提取传统的表面符号创作欣赏用的工艺美术品并非尊重传统。传统工艺的本质是提升生活品质，服务于大众，不寻求与现代生活的契合点，一味仿古的设计，是创作层面上的不思进取。在消费者看来，让传统变得时尚、精致，并具备深厚传统文化底蕴和造物智慧是一件好的手工艺作品所具备的两个最主要的因素。这和大多数手艺人所想的恰恰相反。从从业人员方面来看，在传统手工艺行业，男性从业者是女性的2倍，然而工艺品的女性消费者却是男性的2倍。从业人员能否从用户体验角度来开发产品，是现阶段对手工艺从业者的素质提出的新挑战。因此，工艺美术视域下的文创设计，既要发挥时尚创意的魅力，又要体现手工艺的精湛严谨特征，充分融合两者的审美基调。

二、关于"绣"的创意案例

工艺美术的技艺非常丰富，包括各种特种工艺（艺用陶瓷、金属工艺、玻璃工艺、艺用搪瓷、漆器工艺、雕刻工艺）、艺用纺织（提花纺织、织毯工艺、抽纱工艺、织绣工艺）、工艺绘画（内画、羽毛画、麦秆画、贝壳画、烙画、丝绒画等）、编结工艺（竹编、草编、棕编、麦秆编、绳编）、各种民间工艺（灯笼、剪纸、风筝、花灯、泥人、面人、糖人等）、还包括图书装帧、篆刻，以及各种应用艺术等，可谓异彩纷呈。这里仅聚焦于织绣工艺，探寻"绣"的文创转化。

（1）图案创意

突破传统织绣的表现题材，引入插画设计的方式。乖萌可爱的风格与绘本故事性的结合，传递出治愈的情感（图5-31）。

（2）功能拓展

区别于以往织绣工艺品多为摆件的产品形式，将其转化为文创产品则需要更多的产品功能拓展，诸如装饰画、胸针、杯垫等（图5-32）。

（3）突破平面

织绣的产品往往容易限于图案的平面化运用，如何突破平面形式设计出更加立体化的产品是文创设计需要着力思考的创意点（图5-33）。

（4）创新材质

将织绣工艺创新性地运用到不同的产品载体及其材质上，可以赋予其新的格调与艺术气息。如图5-34，织绣成为奢侈品牌手表的表盘，将织绣运用到蜂蜜包装上呈现出无与伦比的品质感。

第五章　文创产品的类型设计解析 | 173

图 5-31　织绣图案创意

（a）胸针　　　　（b）化妆镜　　　　　（c）桶包　　　　　（d）杯垫

图 5-32　更多产品功能的绣品

图 5-33　突破平面的绣品创意

　　　(a)金属果盘　　　　　　(b)手表表盘

　　　(c)蜂蜜包装　　　　　　(d)灯具灯罩

图5-34　织绣的创新性运用

　　工艺美术视域的文创设计不应该被工艺本身所束缚，作为文创设计师应思考将工艺性作为设计亮点去运用。一方面，这些精湛超绝、叹为观止的传统技艺可以局部少量地应用在创意设计中，赋予新的品质、新的格调、新的调性，更加凸显出创新的与众不同；另一方面，可使工艺技艺走入千家万户，拓展技艺运用的广度，从而有效提高技艺的应用价值，拉近与消费者的距离，增加经济收益，与此同时，收获更多相应的文化影响。工艺美术类文创开发，更不宜因循守旧墨守成规，如何破除窠臼又如何去立意，也是文创设计师的使命。

06 第六章

文创产品设计开发实务

成都青白江区残联文创定制全案

本节以成都市青白江区残疾人联合会定制开发"残联文创"产品系列为案例,详细真实地展现整个设计开发实务项目的全部过程,以及对文创产品设计方案打样制作的实物成果。可以通过对比看到文创产品方案设计图及与之对应的实际产品。对于定制型的文创设计来讲,必须充分考虑实物制作呈现的效果,围绕任务目标考量设计达成度。本案例主要呈现全案和全程的开发特点。

一、"残联文创"项目概况

本项目的委托方为成都市青白江区残疾人联合会(简称"青白江残联"),项目主要围绕青白江残联的文创产品设计开发需求展开,初步呈现出一系列"青白江残联文创"的产品实物。整套文创产品设计体系能为需求方提供高中低不同价格档次的文创商品方案,同时适合于开发政务商务礼品、个人馈赠伴手礼、休闲游玩纪念品、会议会展纪念品等,满足不同消费或采购需求。首批青白江残联文创产品要求结合青白江十二针绣坊、青白江中国(四川)自由贸易试验区等元素。本项目的联合设计开发单位有四川文化创意产业研究院、西华大学澜山创新设计工作室、成都东软学院智慧文旅工作室。一方面,作为设计委托方的残联是将残疾人代表、社会福利团体和事业管理机构融为一体的残疾人事业团体;另一方面,四川文化创意产业研究院是四川省文化和旅游厅的直属事业单位。因此该"残联文创"项目可谓属于比较典型的"政产学研用创"的联合研发模式。

在项目发起前期,需要与委托方沟通,更深入地了解残联进行文创产品设计开发的背景、初衷与目标。2021年1月,中国残联办公厅印发《关于确定第二批全国残疾人文化创意产业基地的通知》(残联厅函〔2021〕19号),确定了102家机构为第二批全国残疾人文化创意产业基地。成都市青白江区成都青融创文化创意产业基地成为四川省获批的5个基地之一,也是成都市获批的首个全国残疾人文化创意产业基地。根据上级残联的相关要求,成都市青白江区残疾人联合会制定工作方案,注重示范引领，采取切实举措进行推进。本项目的提出属于具体推进与落实的举措之一。

二、设计开发任务

残联文创产品设计开发具有非常突出的定制性特征，通过创意设计能够为青白江区残疾人创新创业基地提供2022文创新品方案。设计开发实践性不能仅仅拿设计效果图作为任务目标。这要求设计开发团队在面对项目需求时，需要有清晰的任务目标。在设计过程中高度明确以文创设计能落地、文创产品能面市为导向。文创设计方案要充分体现委托方所在地成都市青白江区的诸多文化内涵。更为重要的是，文创设计方案能考虑到残疾人的参与性，从而与残疾人就业需求形成联结，力求残疾人能够参与到文创产品制作的部分环节。这意味着，一部分的文创产品需要紧密结合消费者的需求，尤其注意产品销售价格区间的目标设定。只有能进入市场消费流通的设计方案，才能真正地辅助和促进残疾人就业。利用文创产品助残增收这一任务目标让本项目也具有了一定的公益色彩。

三、"残联文创"设计策划

根据任务目标，文创设计开发团队需要及时与委托方进行面对面沟通，首先召开一次开发通气会，进一步协商和明确设计开发的方向，制定好文创产品设计策划草案，才能执行更加详细的定制性的方案设计任务。

1. IP或创意元素

对于定制性的文创产品设计开发项目来讲，委托方自身往往具有一些非常具体的设计意向，包括视觉元素、产品功能等方面。在方案沟通会上，要尽量挖掘出委托方已经有明确倾向的想法。不能只是单一地依靠设计调研做设计策划。越是明确的内容越是更加符合定制性的特征，避免设计走弯路。在"文创助残"目标探索方面，文创产品制作需要考虑与当地残疾人组建的青白江十二针绣坊达成合作。在本案里，经过前期的设计开发通气会，明确了几个具体的创意元素：①青白江十二针绣坊的残疾人刺绣技艺及其产品基础；②青白江自由贸易港（图6-1）；③成都水文化、成都市花市树等；④中欧班列·蓉欧快铁；⑤清白文化、清廉文化；⑥樱花节文化（图6-2）；⑦青白江区的地标建筑（图6-3）。

图6-1 青白江自由贸易港　　图6-2 成都青白江区赏樱阁　　图6-3 青白江区文化体育中心

2. 青白江残联文创的产品体系

（1）价格区间

文创产品不同于工艺美术品或贵重金属制品，有业界基本认可且市场广泛接受的价格区间。价格区间与产品定位有着正相关性，与包装形式也有着正相关性。由于个别文创产品由青白江十二针绣坊运用蜀绣技艺制作完成，故这些文创绣品的终端价格明显高于一般性文创产品的价格。本项目定制产品体系的价格区间设定参见表6-1。

表6-1　定制产品的价格区间

档次定位	价格区间/元	举例
中高	200~500	文创礼盒
中	100~200	文具与实用摆件等
中低	50~100	小件伴手礼礼盒
经济	< 50	胸针等单件产品

（2）研发定位

一般说来，研发成本由三个显性部分组成：设计成本、产品打样成本、包装打样成本。其中，产品打样成本由于材质的不同，有着非常大的差异，在本项目里也有着较大的占比。而研发成本的高低取决于创意设计的排他性和独有性。譬如，零基础原创设计的玻璃制品，研发成本就很高；青白江十二针绣坊小件绣品的制作，由于是蜀绣刺绣技艺手作且具有一定的艺术审美价值，因此将整体拉高产品的市场表现价预期。这里，所谓的"零基础"，是指没有现成的产品载体，完全需要进行开模原创和打样。本次首批残联文创体系将通过4~5套（或系列）产品呈现。

（3）策划草案

在文创产品定制的设计策划阶段，重心是对委托方提出拟开展哪些产品的方案设计或设计方向，而不是贸然地推进到具体的设计方案环节。一是可以图文并茂地展现出设计团队的设想或规划。当需要阐述具体的产品时，可以配以产品参考图。该参考图最好是源自设计团队的作品或是能帮助委托方理解的代表性产品。二是阐述清楚文创产品拟运用哪些核心的视觉元素。在此阶段，可以呈交委托方一份简单的策划草案，交代清楚设计团队的方向性的想法。

四、产品体系方案

待项目签订设计服务合同之后，按照合同约定的设计内容展开方案设计，设计内容应清晰明了、目标化和条理化。设计内容的拟定应落实到"做什么""多少个"。设计创意方案之前应推进相应的桌面研究、图片收集等工作。有必要展开实地或现场调研的，应尽快完成相应的设计调研工作。

值得注意的是，设计内容除了具体的文创产品部分以外，还包括了字体设计、包装设计。本项目的方案以实物落地为导向，因此需要注意字体的商用版权问题。为了规避版权问题，设计团队对核心的字体、图像图案等需要自己展开设计创作。譬如，针对"青白江"的中英文字体展开创意设计（图6-4）。

图6-4 专属字体设计

纹样图案设计，可以广泛地应用于徽章制作、钥匙扣、包装烫金图案等。设计元素包括：蓉欧快铁、樱花植物、江水波纹、青白江交通大道标志性拱门等。经过提案，委托方一般会提出一些修改意见，设计团队针对合理的修改意见进行调整与修改。如图6-5是修改前的圆形徽章图案设计，图6-6为修改后定稿的图案设计。

五、设计方案提案

经过第一轮提案后进行相应的设计修改，之后再进行第二轮设计方案提案。一般说来，实务项目需要尽量控制修改次数与修改量，否则与之对应的是上涨的人力成本支出。过多或过于频繁地修改，对设计团队来讲也会产生挫败感。当然，提案的过程本质上也是沟通的过程。提案阐述要做到条理清晰、主次分明和专业自信；陈述过程需要尽量获得委托方对设计团队专业性的认可；最大可能地让倾听人能理解设计方案与打样后的实物效果之间的对应关系，可以通过以往的实际案例辅助呈现说明。

图6-5 修改前的徽章图案设计

图6-6 修改后的徽章图案设计

如图6-7所示，樱花为青白江区的特色花卉，每年春季举办盛大的樱花节活动。青白江区拥有成都国际铁路港，中欧班列蓉欧快铁展示出了内陆城市参与一带一路国际贸易的丰硕成果。因此该方案将蓉欧班列的列车用卡通的方式表现，用樱花做点缀，在窗口位置形成可以旋转的互动。方案与实物进行效果比对，可以看出，落地产品的还原度比较高，设计任务的目标达成度达到委托方预期。

图6-7 "卡通蓉欧快铁包挂"的方案设计（左）与产品实物（右）

六、产品打样

进入设计打样环节，应注意严格执行委托方签字手续。根据定稿的设计方案，制作交付打样的确认函。若项目的时间进度要求紧张，可以在签字后先扫描确认函进行保存，随之展开打样工作，然后再进行纸质文件的邮寄与存档。

在多方合作与努力下，本项目比较出色地完成了前述的项目任务与设计内容，一部分产品打样的实物效果甚至超出了委托方的预期。其中，涉及织绣技艺的绣片制作还得到了青白江区残障人士的大力支持。由残联推荐的织绣师傅参与到了该文创产品的制作过程。最后，根据委托方领导意见，重新梳理并确定了每款"残联文创"产品的名称与系列化归属关系，对色彩运用的内涵进行了重新诠释（图6-8）。

图6-8 对色彩运用的内涵进行了重新诠释

本项目"残联文创"定制的文创产品共计有16件，部分举例呈现如下。

1. 印象青白江系列

成都市青白江区拥有西部颇具影响力的国际货运物流港，众多集装箱在此聚集。将抽纸盒与集装箱结合，方便放置于办公室中使用，具有较强的实用功能，放在商务场所、办公场所对青白江起到积极的宣传作用（图6-9）。

对笔记本的设计首先进行纹饰图案的原创设计。融入了以下元素：大熊猫、四川自贸区拱门、中欧班列蓉欧快铁、青白江城厢古镇、樱花、江水等。笔记本的封面使用变色革材质，纹饰图案采用烫金工艺（图6-10）。

图 6-9　集装箱塑料抽纸盒

（a）纹饰图案设计　　（b）笔记本设计效果图　　（c）产品实物图

图 6-10　蓉欧快铁笔记本

2. 廉洁青白江系列

廉洁文化主题的文创是本项目的一个难点。提及清廉、廉洁，当前诸多该主题的文创产品使用莲花、荷花等元素。这种谐音的联结对文化内涵的转化远远不够，仅流于表面。本案充分挖掘了与清廉文化高度相关的"青白江"区名来源的历史文脉。

据史料记载，素有"铁面御史"之称的北宋赵抃入蜀，经过湔江时，目睹江水澄碧、清流激滟，于是对江明志："吾志如此江清白，虽万类混淆其中，不少浊也。"为了纪念赵抃江边咏志，清白为官，人们把这段"湔江"取名为"清白江"，今天的成都青白江区，就因境内的清白江而得名。江水滋养生命，净化人心和文明。区别于江南水乡的旖旎和婉约，成都的水文化还多了一层以水为镜承载万物的济世情怀，以及爱护苍生黎民的清廉精神。

赵抃被任命为成都转运使，出行布置行装，随身行李就是布袋中的一架古琴与竹篓里的一只白鹤。到任时，他不讲排场，不要车马随从，不要地方官迎接，只以"单马就道"，一路微服察访民情，体察民间疾苦。这段赵抃入蜀的典故，引出了一个比喻为官清廉的成语——"一琴一鹤"。宋代沈括《梦溪笔谈·卷九》曰："赵阅道为成都转运史,出行部内,唯携一琴一鹤,坐则看鹤鼓琴。"《宋史·赵抃传》记载"帝曰:'闻卿匹马入蜀,以一琴一鹤自随;为政简易,亦称是乎!'"

由此可见,无论是青白江区的区名由来,还是"一琴一鹤"成语,都是出自成都青白江区特色性极强的清廉文化。对此,在现有古琴造型的香插商品基础上进行再设计与再创新。根据"一琴一鹤"典故,将古琴与仙鹤两个元素进行结合,设计了"清白留芳"文创香插、金属帽的文创笔(图6-11、图6-12)。

图6-11 一琴一鹤的图案设计

图6-12 "清白留芳"香插(实物图)

成语"一琴一鹤"比喻为官清廉。木质基座上使用镍标呈现赵抃的明心志之句"吾志如此江清白",闪着金属的光泽。香插的使用伴随焚香品茗静心的过程,让赵抃入蜀留下的清白文化在四川大地上继续传颂,也让当今为官者静思重温清白之道。赵抃的"一琴一鹤"典故,不仅仅是颇具四川地域特色的清白文化,更是中国历史记载并传承的清白文化,值得后世铭记。

3.魅力青白江系列

本系列由多件纪念品类产品组成。目的是通过定价较低的产品促进消费和购买,文创产品作为一种载体,宣传青白江各种文化元素。

图6-13中的文创产品为多层木雕冰箱贴,利用三层木质雕刻进行制作。冰箱贴的设计分别呈现了缤纷的樱花、美丽的凤凰湖和远方的山峦。湖中的天鹅相互偎依,组成了爱心的形状。其中,在第一层的樱花纹饰上,贴嵌点缀刺绣的樱花绣片。绣片由残联师傅绣制完成。

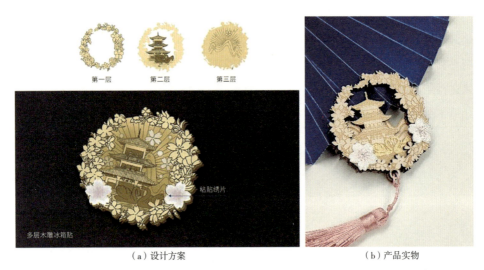

(a)设计方案　　　　　　　　　　(b)产品实物

图6-13 "樱为有你"冰箱贴

织绣书签表现了樱花缤纷,其中一枚花瓣恰好坠落到熊猫头上营造了有趣的场景。在实际的制作过程中,需要考虑到织绣师傅制作该绣品的效率与工作强度,可对织绣书签的图案进行适当的简化(图6-14)。这也更加符合积极发动更多残障人士参与到残联文创的制作与销售的倡导。

(a)设计方案　　　(b)简化方案　　　(c)产品实物

图6-14 浪漫天府·织绣书签

理论结合实践，再经过理论提炼，本案例整套系列化的产品设计可集中归纳为三大主题——分别是"繁荣发展""清朗正道"和"美丽生态"。至此，可以详细地看到青白江"残联文创"定制项目全案的设计开发案例及其相应的实物实拍呈现。在本实务案例中，对于定制性的文创产品开发类型来讲，所谓的"定制"，可以理解为定向化的设计制作。因此，文创设计团队对设计方案执行转化，其落地性与还原度尤其重要。这也正是初学者进入实践最需要把握的。

第二节 杜甫草堂文创产品专柜上新案例

本节以成都杜甫草堂博物馆的文创产品设计开发为例,展现针对博物馆官方文创商品旗舰店专柜中单件文创产品上新为目的的设计。在文博授权的文创产品设计实务类型里,围绕某个主题、某个事件、某个文物或某个创意点展开设计是一种比较常态化的开发情形和最常见的设计任务。

一、钥匙扣

1. 设计背景

经过设计调研分析,杜甫草堂博物馆的文创产品设计资源大致有四大类型,分别是草堂景观、草堂题字、杜诗名篇和蓉城诗意。前两者都具有比较具象且真实的景观或实体。与实体文物一样,这一类型的文化资源在设计转化过程中有着比较明确的再现方式。而后两者则是塑造"诗歌文创"的难点所在。区别于实物与实景,文创产品需要在创意设计中对诗歌意象和意境进行转译。本案例主要呈现了"创思"的特点,创意需要对杜甫诗歌意境深入思考。

杜甫的诗歌名句与名篇非常丰富。在进行杜甫草堂文创产品设计过程中,需要寻找能触发游客对杜甫诗歌感悟的一个文化触点作为设计突破口。成都别称"锦官城",联想到的自然是大众最为熟悉的《春夜喜雨》。"好雨知时节,当春乃发生。随风潜入夜,润物细无声。野径云俱黑,江船火独明。晓看红湿处,花重锦官城。"这一首五言律诗是杜甫在成都第二年所作的著名诗篇之一。尤其是最后一句,更是被广为传颂至今。因此,一款钥匙扣新品的设计将此作为重要触点进行设计呈现。

2. 设计方案

聚焦于"晓看红湿处,花重锦官城"这一句展开设计转化。首先理解这句的妙体现在"红""湿""重"三字,极其形象、准确地表达了雨后的美景。《唐诗归》中说道:"红湿字已妙于说雨矣。重字尤妙,不湿不重。"花因沾着雨水,显得饱满沉重,诗中对春雨的描写,体物精微,细腻生动,绘声绘形。

在设计过程中,诗歌意境的表达最终都需要落到一定的视觉物象上给予呈现。杜甫此首诗中的"花"并没有明确是什么花。因此,充分使用联想的方式,将成都市的市花木芙蓉花作为视觉元素,也正是成都"蓉城"称谓的来源体现。成都在西汉时期因织锦业发达,而专设锦官管理,故有"锦官城"之称。现在成都的旅游景点"锦里",也是对秦汉时期成都以织锦、售锦为主的一条古街的再现。因此,设计方案里描摹了俯瞰视角下层层叠叠的古建屋檐景象,呈现出了繁华的巷里(图6-15)。

图6-15 杜甫草堂"花重锦官城"包挂钥匙扣设计图

前句"随风潜入夜"表明了这场"喜雨"发生在夜晚。事实上,成都的春季一般是夜晚下小雨,白天雨停。表达夜晚的视觉元素自然联想到月亮、月牙。有设计师会钻牛角尖思考:"下雨的夜晚怎么会在天空上出现月亮呢?"——实则很好破题。一方面,诗歌点明了时间为"晓看";另一方面根据成都春季夜雨的实际天气常态,在天微亮时候就会雨霁。在没有路灯的古代,也只有待天蒙蒙亮的时候,诗人才能看到雨湿花朵的娇美。初晓雨停云散,还有一弯月牙尚挂天空。整个钥匙扣的图案均围绕前述的意象之物展开:夜雨、晓看——初晓、月牙;花——芙蓉;锦官城——层叠的屋檐。

3. 实物上新

对诗歌意境和文化内涵转化的创意过程,也恰是体现"文创"二字。杜甫《春夜喜雨》诗句中的"湿"与"重",则可以在制造工艺环节去探寻。当然,这需要设计师在文创方案设计阶段就有意识去追求。

雨霁的初晓,"湿"不仅仅是花朵的沉甸甸与色彩浓艳,也体现在鸟瞰视角下房屋屋顶有着月光洒下的清辉。因此,在屋顶造型处填充了金葱粉。钥匙扣在不同的角度晃动下闪烁出粒粒光泽感。

"重"的视觉感受需要有对比才能达成。正是夜雨打湿了花瓣，对比白天的颜色才显得格外娇艳浓烈。钥匙扣呈现了花丛掩映的市井街头。在花团锦簇造型处，花瓣与叶片的颜色选择了从浅色到深色的多层乱序组合。通过重重叠叠，进一步强化繁茂之盛和沉甸浓艳之重（图6-16）。

此外，该钥匙扣还具有互动性：将月牙悬挂在中间镂空处。一方面从构图上讲，置于层层屋檐的上方，呼应了月牙挂于上空的空间属性；另一方面，随着包挂在使用过程中的晃动，月牙也随之摇曳。月亮造型里也填充了金色的金葱粉，通过晃动可展现出光泽感，呼应了动态的使用属性。事实上，《春夜喜雨》中前半段使用了拟人手法，如"潜""润"等字，让诗歌也充满了动感。

图6-16　杜甫草堂"花重锦官城"包挂钥匙扣产品实物

二、纸质笔记本

纸质笔记本是非常主流也是最常见的文创产品品类。本次纸本上新的目的主要是以本子为载体，抓住当前盖章留念、集章打卡的旅游风潮，在纸本盖章里呈现杜甫草堂和杜甫诗歌文化。因此设计的重点并不是记事本本身，而是在一枚小小印章的方寸之间，容纳草堂魅力。纸本盖章虽然是作为纸本的配套活动，但却是吸引游客消费购买的重要因素。

1. 纸质本子设计

纸本采用折叠册页的形式，封面封底选择谷草肌理的特种纸裱糊手工纸板。在洒金宣纸上印制博物馆名称、"诗歌圣地"字样。内页采用本色特种纸，泛着微微的淡黄色，既接近未漂白的质地色泽，又利于保护视力。整个纸本的调性与杜甫草堂的诗歌人文气质形成一脉相承式的呼应（图6-17）。

图6-17　杜甫草堂集章折叠册页本

2. 印章设计

设计重心在于印章图案，根据对可转化的杜甫草堂的文化资源梳理，分别针对草堂景观、草堂题字、杜诗名篇和蓉城诗意四大类型进行印章设计。设计的印章均以黑色呈现，图案的颜色由油墨颜色决定。本次共设计了15个印章图案，这里选择比较典型的几枚呈现。

（1）草堂景观

杜甫草堂内的大雅堂门前矗立了杜甫塑像。雕塑整体身形瘦削，表情略带着沉思与悲苦。如图6-18所示，印章将此雕塑剪影作为图案核心，人物身后是由放射状线条构成的图案表现竹丛。椭圆方形外围为千古名句"安得广厦千万间，大庇天下寒士俱欢颜，风雨不动安如山"。

图6-18　大雅堂雕塑印章（45mm×65mm）

1958年3月7日，毛主席参观杜甫草堂影壁时留下了珍贵照片。草堂影壁如今成为游客纷纷模仿与纪念的"打卡圣地"。因此，将合影打卡的需求转移到盖章打卡，还原了影壁上的"草堂"二字（图6-19）。

图6-19　草堂影壁印章（40mm×30mm）

（2）草堂题字

少陵草堂碑亭是杜甫草堂最具代表性的建筑之一，为一座以茅草作顶的亭子。亭内竖有一石碑，镌刻"少陵草堂"四个大字，笔力浑厚，笔姿秀润，是果亲王允礼所书。雍正十二年（公元1734年）果亲王经过成都，特拜谒草堂，留下此手迹。由于电视剧《甄嬛传》的热播，剧中"果郡王"角色被大众所知。如今此景点也成了草堂内热门的游客打卡地。印章完全地还原了果亲王题字"少陵草堂·雍正甲寅年季冬果亲王书"（图6-20）。

（3）杜诗名篇

草堂博物馆馆藏了诸多书法名家的墨宝，选择一般游客所熟悉、能辨识的杜诗名篇"两个黄鹂鸣翠柳，一行白鹭上青天。窗含西岭千秋雪，门泊东吴万里船"作为印章内容。围绕最后一句，点缀以雪山、飞鸟和船舶，让印章具有图文结合的效果（图6-21）。

图6-20　少陵草堂印章（20mm×70mm）　　　图6-21　门泊东吴万里船印章（35mm×75mm）

（4）蓉城诗意

"黄四娘家花满蹊，千朵万朵压枝低。留连戏蝶时时舞，自在娇莺恰恰啼。"该诗作于杜甫定居成都草堂之后。杜甫在饱经离乱之后,寓居四川成都,在西郊浣花溪畔建成草堂,暂时有了安身的处所。杜甫卜居成都郊外草堂,是"浣花溪水水西头,主人为卜林塘幽"(《卜居》);诗人感到很满足,"但有故人供禄米,微躯此外更何求"(《江村》)。时值春暖花开,更有赏心乐事,杜甫对生活是热爱的。这是他写这组诗的生活和感情基础。春暖花开时节,他独自在锦江江畔散步赏花,写下了《江畔独步寻花七绝句》这一组诗。

将杜甫诗歌名句与草堂内的景观进行结合,再根据诗句的描述进行一定的创意加工,从而充分调动游客在游览过程中的应景感受。从千古名篇到身临其境,再到盖章纪念,这样的设计更加利于触发游客的消费欲望(图6-22)。

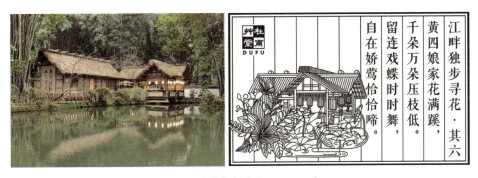

图6-22　花蝶满蹊印章(50mm×80mm)

第三节　文创开发在地性：文创饮具案例

一、文创开发实践的背景

在探索文创产品设计开发与地域文化、历史文脉充分结合的道路上，笔者带领"澜山"设计团队围绕"古蜀文明""天府文化""三国文化"等文化主题，针对相关的博物馆文物IP，与相应博物馆的文创团队一起探索形成了"产学研用创"的合作模式与文创开发实践道路。文创产品开发需要挖掘文化在地性。以成都市为例，提出加快建设独具人文魅力的世界文化名城，彰显天府文化国际影响力和美誉度。传承巴蜀文明，发展天府文化，努力建设世界文化名城，已经成为当前成都城市发展战略共识。每一座世界文化名城，都有其特定历史阶段的时代表达。"三城三都"，正是成都建设世界文化名城的时代表达与行动策略。高水平建设"世界文创名城"作为创建"世界文化名城"的必要行动路径，需要一批具有示范性的文创产品，从而将文创与城市文化传承、城市经济发展、城市美好生活有机融合。文创之于名城，是使之成为文化名城的出色名片。

高效地推进世界旅游目的地建设，高起点打造"世界旅游名城"就必须深度推进文旅融合的产业发展模式。而世界旅游目的地建设必须加长旅游产业链，强化"购"的环节。因此，具有世界旅游吸引力的旅游目的地就需要具有与之相匹配的旅游文创产品。根据世界优秀旅游目的地中心的衡量体系（System for Measurement of Excellence for Destination，SMED），文化是定义一座旅游目的地城市的关键，活动、服务业又是进行评价的两个维度。将文化与消费在产业链中进行融合，实现旅游生态体系中利益相关方的共同参与。包括数字创意在内的广义文创产品扮演了桥梁的角色，可以有效助力城市在推进打造世界旅游目的地的基础上，让文化效益、经济效益在文化消费中得到大力提升，增强文旅产业内生驱动力。强化文创开发在地性，打造"天府文创"的文创产品形象，在文旅产业中进行资源效益的转化，以文塑旅、以旅彰文，助力具有世界级旅游目的地层次的文化消费内涵提升。

2021年5月，中共中央宣传部、国家发展改革委、教育部、科技部、民政部、财政部、人力资源和社会保障部、文化和旅游部、国家文物局等九部委联合发布《关于推进博物馆改革发展的指导意见》（以下简称《意见》）。《意见》明确提出了实施"博物馆+"战略，促进博物馆与教育、科技、旅游、商业、传媒、设计等跨界融合。预计到2035年，基本建成世界博物馆强国。从时间目标上，成都建设世界文化名城的目标与之一致。该意见中也专门提到了文创开发工作。文创开发是做大做强文博产业的必备要素，也是文化旅游业发达的显著特征。因此，围绕天府文创展开相应的设计开发实践，可以为我国文博事业发展贡献天府智慧、成都方案；可以让成都参与到我国文博事业发展的全新阶段，并能成为引领性的发展示范；通过旅游目的地的宣传与传播，让天府文创产品能够成为广大人民群众感悟中华文化、增强文化自信的重要载体。

接下来介绍三款不同文物IP的文创饮具，品味产品的同时也是品味历史的魅力。虽属于同一产品品类的三个实践案例，但其开发落地的商业模式不同，三个案例分别运用了联合开发、众筹开发和定制开发模式。

二、案例一：金沙遗址博物馆·双耳面具杯系列

本案例来自"澜山"设计团队与成都金沙遗址博物馆的合作。将古蜀文明象征之一的金沙大金面具进行产品创意开发，经过萌化设计后成为晶莹的双耳玻璃杯。面具的双耳变成了方便执握的杯柄。杯耳上的凹凸纹饰源自金沙铜虎虎身上的图案，具有吉祥的寓意。杯底的烫金纹饰则是著名的"太阳神鸟"纹，杯口描有一圈金边。金色与玻璃的晶莹剔透交相辉映、熠熠生辉。"双耳面具杯"传递了盛满"一辈（杯）子"幸福灿烂的美好寓意。水晶玻璃质地厚重、描金绚烂，具有作伴手礼的馈赠用途（图6-23、图6-24）。

图6-23　金沙遗址博物馆的文物IP

图6-24　双耳面具杯

1. 创意元素解析

双耳面具杯的创意设计元素分别有：①杯型是对金沙大面具进行萌化处理，使眉毛与眼角更圆润；②杯底烫金"太阳神鸟"纹饰，底部烫金通过杯身玻璃的折射，让整个杯子泛着淡淡的金色光辉；③耳柄增加纹饰，表达祈福的意味；④设计古蜀金面具的标志，杯身下端作烫金处理（图6-25）。

图6-25　创意元素

2. 款式色泽

在原有的基础上推出了"金面国王""黄金神祇""琥珀金尊""幻彩行者"等不同的色泽与款型。当消费者举杯抬头畅饮的时候，远远望去宛如戴上了面具一般，更好地还原出金面具的概念（图6-26~图6-28）。

图6-26　金面国王·黄金神祇·琥珀金尊·幻彩行者

图 6-27 产品细节

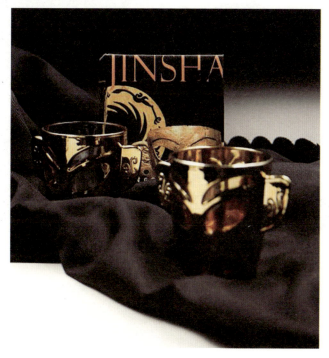

图 6-28 通体金灿灿的"黄金神祇"

3. 系列升级

在原有的双耳面具杯基础上，进一步升级推出了迷你版对杯。小双耳杯既可以作为品酒杯，又可以作为品茗小杯。对杯的形式不仅小巧可爱，更进一步强化了伴手礼的赠礼属性（图6-29、图6-30）。

图 6-29　双耳面具迷你杯对杯礼盒

图 6-30　传递古蜀魅力的双杯礼盒

本案例设计开发的成都金沙遗址博物馆"双耳面具杯"系列文创产品在2020年首届全国文化创意产品推介活动中获得了"百佳文创"荣誉称号，还获得了成都礼物旅游商品创意设计金奖、中国特色旅游商品大赛银奖，并入选了外交部驻外机构礼品名录。一枚杯子成为传递古蜀魅力、展现天府文化的载体。

三、案例二：三星堆博物馆·萌萌杯礼盒

本案例来自"澜山"设计团队与三星堆博物馆的合作。"纵目萌萌杯"是对三星堆著名馆藏文物、大IP之一的青铜纵目面具（图6-31）进行的创新性工业设计转化。纵目萌萌杯将三星堆纵目面具文物进行了设计提炼，产品设计语义抓取了最有特点的"千里眼""顺风耳"造型元素，并在设计过程中刻意地充分保留了三星堆纵目面具的"神秘微笑"（图6-32）。

图 6-31　三星堆青铜纵目面具

图 6-32　萌萌杯设计

1. 杯柄与杯盖

纵目面具大大的耳廓变成萌萌杯的执握双柄。事实上，耳朵轮廓中空的设计是为了方便将泡茶茶包提绳进行缠绕，以有效避免提绳滑落。杯身上眉毛弯弯，两只凸凸的眼睛，宛如炯炯有神的"大眼仔"；嘴角微微抿起，是一枚恬静微笑的大眼仔。为他加了一顶帽子成了杯盖。帽子的款式，即盖子边缘的斜向肌理，与三星堆铜人盘起的发辫同方向，可谓同款式。

厚实而宽深的盖子设计除了能防尘与泡茶保温以外，反向放置的时候还能作为放小点心的碟子使用（图6-33、图6-34）。

2. 包装与物料

纵目萌萌杯的包装礼盒设计经历了两代。第一代采用的是对开门的形式（图6-35），并使用了触感膜工艺。由于触感膜在运输过程中非常容易产生划痕，而三

图 6-33　帽子成为杯盖

星堆越发受到全国各地游客的喜爱,因此必须改变工艺减少破损率。第二代包装使用了书本盒的形式。为了保持盒子表面的肌理感,采用UV印刷暗纹的方式实现。

图 6-34　盖子的功用

除了产品以外,还有手提袋、说明卡片、检验报告与合格证设计,以及海报等物料设计(图6-36~图6-38)。因此,这项原创的文创产品开发项目,是对工业设计、视觉传达设计,以及UI设计(上线信息)等内容的综合(图6-39)。

图 6-35　第一代包装盒

图 6-36　第二代包装盒

图 6-37　礼盒手提袋设计

图 6-38　海报物料设计

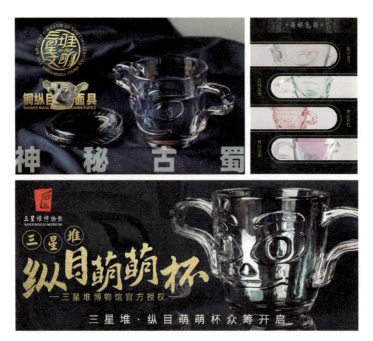

图6-39　上线广告图设计

四、案例三：成都武侯祠博物馆·诸葛羽扇纶巾杯套组

本案例来自"澜山"设计团队与武侯祠博物馆的合作。成都武侯祠是全国研究三国文化的重地。武侯祠更是整个亚太地区颇具国际影响力的旅游目的地。本案的目标是上新一款有档次的三国文化浓郁的文创礼品，传播三国文化、助力提升成都旅游影响力。该文创产品设计开发定位，参见图6-40。

图6-40　项目定位

1. 创意解析

头戴纶巾、手拿羽扇是诸葛亮的标志，也是中华儿女对他最深刻的印象。选取纶巾、羽扇这两项诸葛亮的标志性物件，将诸葛纶巾设计为文创饮具，杯身形态细节结合了纶巾的起伏肌理与额前冠玉（图6-41）。整套杯碟使用高品质的水晶玻璃制成。

将羽扇设计为长形碟盘，碟身的形态模仿了羽毛的肌理，带有一定的暗纹起伏。碟子的底部有凹凸的如意纹纹饰，在起到防滑作用的同时也可以利用水渍在桌面形成如意纹样（图6-42）。

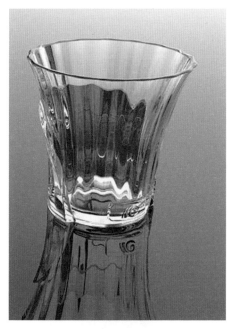

图6-41　诸葛纶巾杯　　　　　　　　　　　　　图6-42　羽扇碟

羽扇碟中有一方形印章形态的凸起，凸起上有凹凸的"蜀"字。诸葛纶巾杯底部略微凹空，当放置于蜀字印章之上时，帽形杯里扣装着"蜀"——象征了诸葛亮一心为蜀国，真正地做到了"鞠躬尽瘁死而后已"（图6-43）。"诸葛羽扇纶巾杯套组"寓意了使用者对发展的运筹帷幄和决策的气宇轩昂（图6-44）。整套文创商品采用水晶玻璃制成，并采用了描边工艺，让杯和碟在晶莹剔透中折射出一丝金色的华贵。

图 6-43　帽扣蜀印：一心为蜀　　　　　　图 6-44　套组效果

2. 包装设计

包装为对开式的硬质礼盒（图6-45）。外盒对开开启，开启后首先是平放的明信片、合格证、说明书等。在第一层海绵中嵌入了诸葛纶巾杯与金色纪念章。第二层放置羽扇碟，整个包装为抽屉式结构。包装的开启过程充满仪式感。礼盒整体模仿了古风线装书的视觉特征，顶部为激光烫金的"出师表"。开启包装，就宛如打开一部气势恢宏的三国历史之书。

图 6-45　包装结构

3. 纪念章、明信片与物料

除了诸葛纶巾杯与羽扇碟主题产品外，作为礼盒还配备了一枚金色纪念章

（图6-46）、明信片（图6-47）与相关的合格证（图6-48）。纪念章采用浮雕的形式还原再现了成都武侯祠中的诸葛亮塑像和大门的建筑景观，暗纹为岳飞书法《出师表》的片段。

图6-46　纪念章

图6-47　明信片

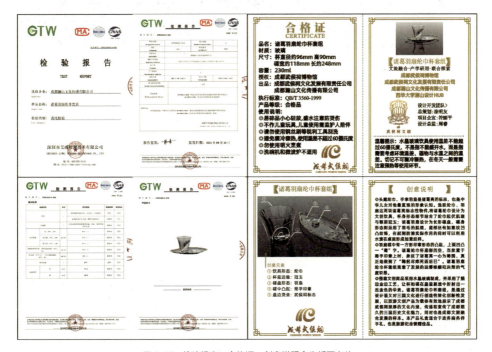

图6-48　检验报告、合格证、创意说明合为折页卡片

与礼盒配套的手提袋设计，两侧继续强化武侯祠的三国文化印象：一边为岳飞书法版《出师表》，另一边为武侯祠著名"网红打卡地"竹林红墙景观（图6-49）。两者又都融入武侯祠博物馆的帽形书法标志中。

此外，团队还专门为本次项目设计了"武侯祠文创"的标志，如图6-50，左侧为博物馆官方标志，右侧为文创项目标志。

图6-49 手提袋展开图

图6-50 标志设计

4.商品实物

根据全链路的文创开发流程，文创设计只是其中一个上游创意设计板块。后续的产品制造、包装制造、产品检验、送货入库等为生产板块。尤其是在生产过程中，由于模具问题需要局部修改方案乃是常见的情形。文创上新前后还涉及诸多宣传、营销等开发链路的后端事宜。如图6-51，"诸葛羽扇纶巾杯套组"整套产品最终生产出来的整体效果对方案设计的还原度较高，生产供应链起到了比较关键的作用。

图6-51 "诸葛羽扇纶巾杯套组"产品实物实拍图

参考文献

[1] 黄峰，赖祖杰. 体验思维[M]. 天津：天津科学技术出版社，2020.

[2] 白仁飞. 创意设计思维与方法[M]. 杭州：中国美术学院出版社，2020.

[3] 陈格雷. 超级IP孵化原理[M]. 北京：机械工业出版社，2020.

[4] 葭葭葭. 商业插画设计：扁平风案例应用解析[M]. 北京：电子工业出版社，2022.

[5] 吴维羲. 回到尘封的古蜀国：三星堆解密[M]. 北京：九州出版社，2018.

[6] 潘鲁生，张炎. 文化创意产品设计开发[M]. 北京：中国纺织出版社，2022.

[7] 张颖娉，张鸣艳，蒋艳俐. 文化创意产品设计及案例[M]. 北京：化学工业出版社，2020.

[8] 王俊涛. 文创开发与设计[M]. 北京：中国轻工业出版社，2019.

[9] 栗翠，张娜，王冬冬. 文创产品设计开发[M]. 北京：中国轻工业出版社，2021.

[10] 周承君，何章强，袁诗群. 文创产品设计[M]. 北京：化学工业出版社，2019.

[11] 吴廷玉. 中国元素与工业设计[M]. 杭州：浙江大学出版社，2012.

[12] 何家辉，栾黎荔，郑翠仙，等. 标识设计[M]. 武汉：华中科技大学出版社，2018.

[13] 丁伟. 文创设计新观[M]. 北京：北京理工大学出版社，2018.

[14] 吴朋波. 旅游纪念品设计[M]. 北京：人民邮电出版社，2014.

[15] 姚湘，胡鸿雁. 文化创意产品设计[M]. 北京：北京大学出版社，2020.

[16] 于泳，尚凯. 旅游文化产品创新设计与开发策略[M]. 北京：北京工业大学出版社，2018.

[17] 金冠军，郑涵. 文化创意产业引论[M]. 北京：中国书籍出版社，2011.

[18] 吴存东，吴琼. 文化创意产业概论[M]. 北京：中国经济出版社，2010.

[19] 白庆祥，李宇红. 文化创意学[M]. 北京：中国经济出版社，2010.

[20] 刘泓，袁勇麟. 文化创意产业十五讲[M]. 成都：四川大学出版社，2012.

[21] 周峰，杨轶. 楚文化特色旅游商品开发设计[M]. 武汉：武汉理工大学出版社，2016.

[22] 陈斌. 旅游商品大趋势[M]. 北京：中国旅游出版社，2016.

[23] 朱月，杨猛. 创意旅游纪念品设计[M]. 桂林：广西师范大学出版社，2019.

[24] 杨旸，白薇. 产品设计调研与规划[M]. 北京：清华大学出版社，2020.

[25] 沈婷，郭大泽. 文创品牌的秘密：从创意、设计到营销[M]. 2版. 南宁：广西美术出版社，2019.

[26] 钟蕾，李杨. 文化创意与旅游产品设计[M]. 北京：中国建筑工业出版社，2015.

[27] 金元浦. 数字和创意的融会：文化产业的前沿突进与高质量发展[M]. 北京：中国工人出版社，2020.

[28] 周承君，赵世峰. 设计心理学与用户体验[M]. 北京：化学工业出版社，2019.

[29] 陈根. 工业设计创新案例精选[M]. 北京：化学工业出版社，2010.

[30] 罗莎，等. 设计方法卡牌[M]. 北京：电子工业出版社，2017.

[31] 王秀伟. 文化授权——博物馆文化创意产品开发的理论与实践[M]. 北京：经济管理出版社，2021.

[32] 周武忠. 中国当代旅游商品设计研究[M]. 北京：中国旅游出版社，2014.

[33] 巩强. 新文创[M]. 北京：电子工业出版社，2021.

[34] 杨子莹. 巴蜀饮食文化语境下的食物设计研究[D]. 成都：西华大学，2022.

[35] 袁怀宇. 文创产品设计的国潮视觉研究[D]. 成都：西华大学，2022.

致 谢

面向文创实践而行，书中案例包括大量笔者自身团队的真实设计开发成果。而这些实践离不开"澜山"公司与工作室团队的大力支持。这些设计师们有的是在读的本科生与研究生，有的则已经从工作室毕业，开始在文旅行业贡献自己的设计力量与创意智慧。感谢每一位"澜山"人的支持，他们是：孙杉、杨子莹、袁怀宇、何平、张运琦、吴昊、蓝俊豪、华杨、田欣玉、孔令翔、张文亮、王琳、刘磊、张斯维、胡慧翎、梁宇、陈俊波、贺敏、刘晓静、李梦婕、蒋金桥、陆千喜、田荟琳、罗文浩、李威威、吴霞、田文琦、周艾迪、梁辉、林巧、李宇祥、曹兴燕、刘晨、叶雪柔、高杨洋。"澜山"团队自己的文创设计开发实物照片都来自于华杨的摄影。书中还引用了部分国内外优秀的作品，笔者对原作者的出色设计满怀敬意，在此一并致谢！

在我们努力将"澜山"打造为四川高校中一流的、专业的文创设计开发团队的路上，也离不开笔者所在高校和单位领导的支持，更离不开父母和亲朋的支持。希望"澜山"不久将发展成为一个跨专业、跨校际、跨机构和跨省际的文创研发和创意孵化平台。感谢周静女士、吴文华先生、李玉兰女士、张红女士和方琼女士在公司业务层的支持，以及赵婧女士、王倩女士作为资深文博和设计爱好者的鼓励。当然，也要诚挚地感谢在摸索文创开发"政产学研用创"道路上所有合作单位、研究机构、渠道商和供应商。尤其是各个合作博物馆和景区的文创团队的同仁们，一起协作促使文创走完了从研究到上新。就文创开发来讲，面向商业系统更多意味着产业链与产业生态，而面向教育系统则是行业可持续发展的原动力。

最后，感谢每一位喜欢文创的朋友！我们因为文创而聚。

周睿　费凌峰　高森孟
2022年8月

特别鸣谢

成都博物馆

成都传媒集团

成都大熊猫繁育研究基地

成都杜甫草堂博物馆

成都天府绿道文化旅游发展集团

成都武侯祠博物馆

德阳发展集团 / 德阳文旅大健康集团

都江堰文旅集团

峨眉山景区

金沙遗址博物馆

宽窄匠造所

宽窄巷子

龙泉山城市森林公园丹景台　　泸州市博物馆　　洛带古镇

青白江区残联　　三星堆博物馆　　四川文化创意产业研究院

天府家风馆　　天府熊猫塔　　熊猫邮局

（以上单位与机构按照名称音序排列）

成都水生态文明建设研究重点基地　　成都自然博物馆/成都理工大学博物馆

川派旅游发展研究院　　青神国际竹艺城发展投资有限公司

天府文化研究院　　四川革命老区发展研究中心

四川省教育厅研究基地工业设计产业研究中心　　四川省旅游商品与装备协会

四川省旅游协会　　四川张大千研究中心

中国出土医学文献与文物研究中心　　中国用户体验专业协会（UXPA）

（以上单位与机构按照名称音序排列）

作者简介

◎ **周睿**　四川泸州人，西华大学美术与设计学院教授。西华大学教学名师、硕士研究生导师、美术与设计学院学术委员会主任；第十三批四川省学术和技术带头人后备人选；教育部学位中心评审专家；四川宜宾五粮液精美印务有限责任公司外部董事；成都澜山文化传播有限公司联合创始人、设计总监；四川省文化和旅游标准化技术委员会委员；四川省工业设计专家智库首批专家；四川省教育厅研究基地工业设计产业研究中心特聘研究员；四川省哲社基地张大千研究中心特聘研究员；学术桥评审专家库成员。发表学术论文120多篇，主持各级纵向课题40多项。学术H指数和G指数在四川省设计学领域的学者中位于前列。

✉ raychou@126.com

◎ **费凌峰**　四川宜宾人，成都东软学院教师、工程师。入选文化和旅游部万名英才计划"双师型"人才；四川旅游商品与装备协会智库专家；中国用户体验专业协会（UXPA）西南分会委员；四川省扶贫基金会"互联网+"创新创业导师；成都澜山文化传播有限公司联合创始人、技术总监。主持有部级项目1项、厅级纵向课题10多项。致力于文创产品和旅游商品的"数字经济"提升与产业对接，目前打造了"与礼同行"这一专门针对旅游文创商品的新零售业态品牌及其产业支撑链。

✉ feilingfeng@vip.qq.com

◎ **高森孟**　河南焦作人，四川旅游学院艺术学院教师。主持厅级项目2项。曾在成都文旅集团工作两年，于品牌文化部担任设计主管岗位。具有5年多的文创从业经验，其间设计开发的旅游文创商品产值超过百万元。目前致力于探索文创产品、工艺美术的品牌视觉创新与插画艺术视觉传达研究。

✉ simono2020@163.com